# Kundalini

*Descubra los secretos para despertar la conciencia superior, equilibrar los chakras, abrir el tercer ojo y utilizar el poder de Shakti*

# Tabla de contenido

# Primera Parte: Despertar de la Kundalini

*Una guía esencial para alcanzar una conciencia superior, abrir el tercer ojo, equilibrar los chakras y comprender la iluminación espiritual*

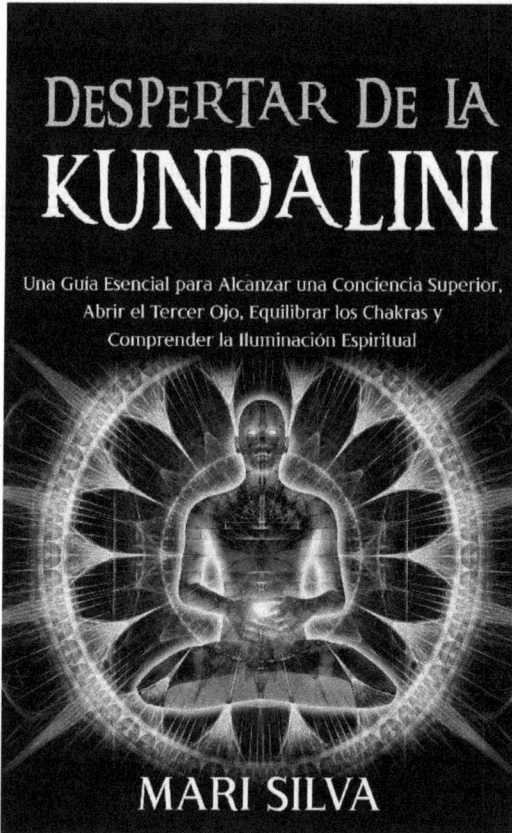

# Introducción

Permítanme comenzar compartiendo mis experiencias personales con ustedes. Escuché la palabra "Kundalini" de pasada hace algunos años. Leí sobre ella en Internet y luego la olvidé por completo. Entonces, un día, de repente, mientras estaba en una fiesta con mis amigos, algo extraño ocurrió.

Me presentaron a una señora llamada June, que se llamaba a sí misma curandera psíquica. Sonreí, condescendientemente cuando me dijo que era una psíquica. Me sonrió y me dijo: "Tu vida no va a ser la misma después de mañana". Simplemente se alejó después de hacerme esa declaración. "Tonterías", pensé. Con su comentario en mi mente, la pasé bien y me fui a casa y me acosté.

Cuando me acosté en la cama, una sensación aguda de algo que subía por mi columna me golpeó tan fuerte que me levanté asustado. Miré debajo de las sábanas para ver si algo me había mordido. ¡Pero no! La cama y las sábanas estaban limpias. Mi cabeza giró como si la sensación aguda estuviera ahora en mi cabeza. Mi cabeza estaba dando vueltas, y pensé que iba a morir. Estaba solo en casa y recuerdo que me sentí en pánico.

Lo más cercano que se me ocurrió para apoyarme fue un vaso de vino. Me serví una pequeña cantidad y me senté en el sofá frente al televisor. Mi hija había ido a un día de campo de la clase, y de alguna manera e inexplicablemente, supe que tenía que contactarla. La llamé por teléfono y me dijo que su campamento estaba en medio de un gran deslizamiento de tierra. Rápidamente llamé a mi amiga que vivía cerca del campamento, ¡y en pocos minutos mi hija y algunas de sus amigas fueron recogidas y llevadas a casa a salvo!

Me sentí aliviado, pero la extraña experiencia me dejó sacudido. ¿Cómo supe que tenía que llamar a mi hija en ese momento? ¿Cuál fue la sensación que tuve de algo afilado y doloroso subiendo por mi columna vertebral? ¿Por qué sentí que no estaba solo y que había gente conmigo en la habitación? Era extraño y aterrador.

A la mañana siguiente, llamé a June. Ella se convirtió en mi mentora y me guio en mi viaje del despertar de la Kundalini. Me dijo que lo que había experimentado la noche anterior estaba enraizado en antiguas enseñanzas. Recordé haber leído sobre ello unos años antes. June dijo que la lectura que hice hace años fue la primera chispa lista para convertirse en un fuego ahora.

Con su ayuda, aprendí a navegar a través del viaje del despertar de la Kundalini. Aprendí sobre los diferentes subtemas y cómo despertar este extraño poder, y, aun así, mantenerlo bajo mi control. Aprendí sobre el tantra, mantra, kriyas, yoga, asanas, técnicas de meditación, Shakti, Shiva, y mucho más. Este libro es una colección de todas mis lecciones de la Kundalini y su proceso de despertar.

Esta guía práctica del despertar de la Kundalini ayuda a los novatos a entender el poder ilimitado que cada uno de nosotros tiene en nuestros seres y le enseña cómo puede desatarlo y utilizarlo para su propio bien y el de las personas que le rodean.

# Capítulo 1: Lo más básico: Kundalini, Shakti y Prana

Según el hinduismo, la *kundalini* se define como la energía femenina divina que yace latente en la base de la columna vertebral (que se llama el Muladhara) en forma de serpiente enroscada. La Kundalini es una palabra sánscrita que se traduce como "serpiente enroscada".

Shaiva tantra, un subsector tántrico del hinduismo, también cree en el profundo poder de la Kundalini. Según el Shaiva tantra, el poder de Adi Parashakti o Mahadevi, la suprema deidad femenina, yace en un estado latente de inactividad como una serpiente enroscada en el Muladhara. Otros nombres de Adi Parashakti son:

- Parama Shakti
- Adi Shakti
- Mahashakti
- Mahadevi
- Mahagauri
- Mahakali
- Satyam Shakti

En sánscrito, Parama significa "absoluto", "maha" significa "grande" y Satya significa "verdad". Esta poderosa deidad femenina también se conoce simplemente como "Shakti". La Kundalini también se asocia con otras deidades femeninas como Kubjika y Bhairavi.

En el siglo IX, los conceptos basados en la Kundalini shakti fueron incorporados al hatha yoga. Hatha en sánscrito se traduce como "fuerza", que se refiere a una práctica que se centra en las técnicas físicas. Hoy en día, los conceptos de la Kundalini se han introducido en muchas otras formas de hinduismo y pensamientos filosóficos de la Nueva Era del mundo occidental.

Despertar a la serpiente enroscada en el Muladhara es la base del despertar de la Kundalini. Las tradiciones antiguas hablan de diferentes métodos, incluyendo el tantra, el mantra, el yantra y las asanas, o la meditación que se puede utilizar para el despertar de la Kundalini.

El tantra se refiere a una tradición esotérica que se desarrolló casi simultáneamente a partir del budismo y el hinduismo a mediados del primer milenio. El mantra se refiere al sistema de canto de sonidos sagrados en forma de sílabas, palabras o grupos de palabras, o incluso versos.

Yantra (conocido por estar enraizado en el tantra) se refiere al sistema de dibujar intrincados diagramas místicos utilizados para la oración y la adoración. Estos diagramas se utilizan en la meditación y se cree que tienen poderes ocultos que pueden ser aprovechados para beneficiar al practicante. Las asanas son posturas corporales originalmente usadas para la meditación, pero más tarde introducidas en el hatha yoga como una forma de ejercicio físico. De acuerdo con los Yoga-sutras de Patanjali, una asana se define como una posición que se puede mantener durante algún tiempo, cómoda y estable.

La meditación implica el uso de varias técnicas para entrenar la mente a enfocarse en un objeto o pensamiento o cualquier otra herramienta para lograr un estado de calma y estabilidad. Estos métodos para el despertar de la Kundalini se discuten en otro capítulo. El Kundalini Yoga está altamente influenciado por el shaktismo y varias escuelas de tantra del hinduismo. El estado de despertar de la Kundalini se describe a menudo como una clara y distintiva sensación de corriente eléctrica que pasa a través de la columna vertebral.

### Etimología de la Kundalini

La Kundalini Yoga o Kundalini Shakti se encuentra en las antiguas escrituras hindúes llamadas Upanishads. Se cree que fueron formuladas en cualquier lugar entre los siglos VII y IX a. C., o tal vez incluso antes. Las fechas son irrelevantes para el estudio del esotérico, pero maravilloso, tema de la Kundalini, excepto para saber que es una antigua práctica usada por la humanidad durante siglos.

La raíz de la palabra "Kundalini" está en el verbo sánscrito, "kindalin", que significa "anular o circular". La palabra se menciona como un sustantivo para una serpiente en posición circular en una obra del siglo XII llamada Rajatarangini. Esta fue una crónica de los reyes y reinos de la zona que forma parte de la actual India del Norte.

"Kunda", que es un nombre sánscrito para una olla o tazón de agua, es el nombre de un Naga (un personaje serpiente) en el Mahabharata, una de las dos épocas del hinduismo, la otra es el Ramayan. También se cree que el Mahabharata fue compuesto en los siglos anteriores al nacimiento de Cristo.

En el shaktismo y el tantrismo, "kundali" se utiliza a menudo como nombre de la diosa Durga, otra forma de shakti desde el siglo XI en adelante. Durante el siglo XV, la Kundalini fue adoptada en el hatha yoga como un término técnico, y la práctica del despertar de la Kundalini comenzó a ser practicada ampliamente alrededor del siglo XVI. La Kundalini puede, por lo tanto, ser reformulada como "el poder en espiral" que yace inactivo en la base de la columna vertebral.

## El shaivismo tántrico y la Kundalini

El shaivismo (data del siglo V) o Shaiva Siddhanta (que se traduce como "la doctrina de Shiva") es la más antigua tradición conocida del shaivismo tántrico. El shaivismo enfatiza la devoción y la adoración al señor Shiva, que se cree que es el ser supremo del universo. La teología del shaivismo presenta tres realidades universales, a saber:

- El pashu (o el alma individual de cada humano)
- El pati (o el ser supremo que es el señor Shiva)
- El pasha (que representa la esclavitud y el apego del alma al mundo materialista debido a la ignorancia (la falta de conocimiento espiritual definitivo), el karma (nuestras acciones en el mundo materialista), y el maya (la incapacidad de ver más allá de la ilusión del materialismo)

El shaivismo propaga el servicio a la comunidad, la vida ética y el compromiso con la propia profesión, la devoción amorosa al señor Shiva, la práctica del yoga y la construcción continua de la conciencia de sí mismo como principios importantes para la liberación de las almas individuales. Algunos expertos creen que el tantra de Shiva podría haberse originado en Cachemira alrededor del siglo X. Sin embargo, después de las invasiones islámicas en el norte, el shaivismo se propagó más en el sur de la India. Además de la India, el Shaiva Siddhanta es popular en otros países como Singapur, Malasia y Sri Lanka.

La Kundalini es una doctrina principal del shaktismo, un culto dentro de la tradición Shaiva. Los seguidores del shaktismo creen que la realidad metafísica que todo lo abarca está en la energía femenina, Shakti, que es la Divinidad Suprema. La Kundalini representa esta conciencia metafísica innata y omnipresente.

Una imagen visual de la serpiente enroscada se menciona en un texto tántrico del siglo VIII llamado Tantra Sadbhava-tantra. En esta descripción, Shakti es el canal central, y la fuerza vital o el prana se mueve en dirección ascendente. Este movimiento ascendente de la Kundalini Shakti desde la base de la columna vertebral se ha mencionado en muchos trabajos posteriores.

En el shaktismo, la Kundalini es el poder espiritual innato latente, una representación de la diosa Kubjika, o la "Torcida", que también se conoce como Paradevi o la diosa suprema. Paradevi es también la fuente última de todo el poder y la felicidad pura. Ella es la fuente de todos los mantras. Ella reside en los seis chakras (un capítulo separado en este libro trata de los chakras en detalle) a lo largo del canal central.

Las tradiciones tántricas también hablan de dos tipos de Kundalini. Uno es el tipo de la Kundalini que se mueve hacia arriba (o la urdhva), que está conectada con la expansión y el crecimiento. El otro es el tipo de movimiento descendente (o el adha), que está relacionado con la contracción. La Kundalini, por lo tanto, es el poder de manifestar el cuerpo, la respiración y las experiencias de placer y dolor. Utiliza la sexualidad como fuente de reproducción.

### El despertar de la Kundalini

El despertar de la Kundalini se describe como el progreso que la energía espiritual innata hace cuando se eleva desde la base de la columna vertebral o Muladhara para subir hacia la parte superior de la cabeza. Durante el despertar de la Kundalini, la vibración del practicante se salta de repente los niveles.

A medida que la energía o vibración espiritual innata pasa a través de los distintos chakras en su camino hacia la cima, el practicante experimenta diferentes niveles de despertar combinados con una experiencia mística en cada chakra. Cuando esta energía espiritual innata llega a la parte superior de la cabeza o al Sahasrara (o el chakra de la corona), se cree que el practicante experimenta una profunda transformación de la conciencia.

Los sabios y rishis que han tenido esta profunda experiencia han dejado descripciones impresionantes para que las lean los legos. Swami Shivananda Saraswati de la Sociedad de la Vida Divina ha registrado su experiencia en su libro titulado Kundalini Yoga. Escribe, *"Cuando el chakra de la corona es traspasado, el practicante experimentará visiones supersensuales en su ojo mental. Él o ella puede experimentar nuevos mundos llenos de encantos y maravillas indescriptibles. El practicante puede ver nuevos y hasta ahora ocultos planos de conciencia. El yogui experimentará pura felicidad, poder, conocimiento, y más en grados crecientes, inauditos en el mundo humano"*.

## Más sobre Shakti

De acuerdo con el shaktismo, shakti o prana, es la última fuente de todo en este universo. Todo lo que vemos a nuestro alrededor, y lo que sentimos y experimentamos en nuestro interior, no son más que diversas manifestaciones de esta shakti que lo abarca todo. Shakti impregna todo aquí y es mucho más sutil y fina que los más finos cuantos de energía mensurables dentro del universo tangible y físico que los humanos podemos sentir o percibir.

El poder de shakti, o prana, puede ser ignorado en el mundo normal o por personas que no buscan aprovechar sus capacidades más profundas. Sin embargo, es posible para aquellos que están dispuestos a sacarlo, trabajar con él, movilizarlo y dirigirlo, e incluso usarlo como una fuerza. Los practicantes experimentados de Kundalini Yoga saben que es posible aprovechar y usar el poder de la innata y latente shakti o prana de la misma manera que usamos y aprovechamos el poder de la electricidad.

Como se mencionó anteriormente, un despertar de la Kundalini puede describirse como algo parecido a cuando nuestras vibraciones energéticas saltan de nivel y se mueven hacia arriba. Para darles una analogía, en la escuela, vamos del primer al segundo al tercer grado, y así sucesivamente en pasos bien definidos, ¿cierto? Ahora, imaginen que pueden saltar un par de grados y pasar del 4º al 7º. ¿Qué pasaría?

Su cuerpo y su mente están expuestos a la vida de un 7º grado que no está preparado para aceptar los retos de este grado porque no ha aprendido aun lo que se le enseñó en el 5º y 6º grado. Curiosamente, el salto de los niveles de vibración puede ocurrir por múltiples razones, incluyendo traumas físicos y emocionales, estallidos emocionales, meditación profunda, etc. Cuando practica métodos estructurados definidos y diseñados para los despertares de la Kundalini, entonces está esencialmente preparándose para recibir su poder.

### Más sobre el prana

La palabra sánscrita "prana" significa "fuerza vital". Otros significados de esta poderosa palabra de gran alcance incluyen "el aliento de vida", "aire vital", "principio de vida", y así sucesivamente. En los textos hindúes, el prana se describe a veces como originario del Sol y se cree que conecta todos los elementos.

El concepto de prana o la fuerza vital de vida se describe en los antiguos textos hindúes, incluyendo los Upanishads y los Vedas. Este concepto se explica con gran detalle en la literatura del hatha yoga, el ayurveda (medicina india) y los sistemas de tantra. El prana se divide típicamente en cinco componentes, a saber:

➤ Prana (o la energía de movimiento hacia adentro)

➤ Apana (la energía que se mueve hacia afuera)

➤ Vyana (la circulación de la energía)

➤ Udana (energía de la garganta y la cabeza)

➤ Samana (energía de digestión y asimilación)

Otra forma de categorizar el prana es a través del uso de "vayu" que es el sánscrito para el viento o el aire. El prana es considerado el vayu más primario y básico. Todos los demás tipos de vayu emergen del prana. Por lo tanto, los cinco componentes pueden ser redescritos usando vayu:

- Prana vayu: La ubicación del prana vayu se considera el corazón. Es responsable de hablar, cantar, reír, luchar, bailar, el arte y la artesanía, y otras tareas que los humanos hacen.

- Apana vayu (la respiración descendente): Ubicado en el ano, el apana yayu es responsable de permitir que la comida y la bebida entren en el cuerpo, moviendo el producto de desecho hacia abajo, y finalmente fuera del cuerpo.

- Udana vayu (la respiración ascendente): Ubicado en la garganta, el udana vayu es responsable de la tos, el hipo, los estornudos y los vómitos.

- Samana vayu: Ubicado en el ombligo, este vayu mezcla y asimila todo lo que se come y bebe.

- Vyana vayu: Ubicado en todas las articulaciones, este vayu es responsable del sentido del tacto, la flexión y el movimiento de las extremidades, los dolores de estómago y el sudor.

Los textos hindúes describen el prana como el que fluye a través de los nadis (o canales) en el cuerpo. Hay múltiples nadis en el cuerpo humano, de los cuales los tres más importantes incluyen:

- Ida en el lado izquierdo del cuerpo.
- Pingala en el lado derecho del cuerpo.
- Sushumna es el centro que conecta el Muladhara o el chakra de la base, con el Sahasrara o el chakra de la corona.

## Pranayama

El uso de varias técnicas para acumular, expandir y trabajar con el prana se llama pranayama. Pranayama es uno de los ocho métodos de la práctica del yoga y se refiere a la práctica de las técnicas de control de la respiración. La práctica sistemática del pranayama permite al practicante obtener el control del prana.

Las técnicas de pranayama también ayudan a limpiar los nadis y a deshacerse de los bloqueos en ellos para una mejor y mayor circulación del prana. En algunas tradiciones, el pranayama se utiliza para detener la respiración y lograr el "samadhi" para aumentar la conciencia en una parte determinada del cuerpo. En la medicina india o ayurveda, el pranayama se utiliza para tratar enfermedades y mantener la salud general. Según los Yoga Shastras de Patanjali, el objetivo final del pranayama es el cese lento de la respiración, para interrumpir la inhalación y la exhalación con el fin de comprender el alma suprema omnipresente.

## Diferencia entre la energía Kundalini (o shakti) y el prana

En esta etapa, podría tener sentido tratar de entender las diferencias entre la Kundalini shakti (o energía) y el prana, que son formas de energía, y sin embargo son diferentes. Después de todo, la energía es un término tan común usado para describir una variedad de fuerzas. Conocer la diferencia entre la energía Kundalini y la energía pránica le ayudará a dar un paso adelante en el siguiente nivel de desarrollo espiritual.

La energía es conocida por diferentes nombres en varios niveles. Para un buscador espiritual, el nivel más alto de energía es la energía espiritual. En un nivel emocional, el amor es una forma de energía. A nivel físico, el sexo entre dos parejas es una manifestación de energía. Las experiencias del despertar de la Kundalini son también un nivel físico de manifestación de energía.

Empecemos con la energía Kundalini. Imagine la energía necesaria para crear vida. Cuando un hombre y una mujer se unen para crear un bebé, esencialmente, están creando una nueva vida, ¿verdad? Se considera que el esperma tiene mucha energía potencial en él. Esta es la razón por la que cuando un hombre tiene un orgasmo (que esencialmente libera millones de espermatozoides en un lugar pequeño), se consume mucha energía.

Curiosamente, la energía sexual y la energía Kundalini están enraizadas en el mismo lugar: la base de la columna vertebral. De hecho, los practicantes de tantrismo pueden canalizar su energía sexual hacia otras partes del cuerpo y utilizarla para fines distintos de la reproducción. Intente este ejercicio para entender lo que es la energía Kundalini.

Apriete los músculos de los esfínteres (esencialmente los músculos de las nalgas y el ano y los músculos alrededor del área del estómago) con fuerza mientras inspira y libere los músculos mientras exhala. El ejercicio es algo así:

- Apriete los músculos de los esfínteres mientras inspira.
- Luego manténgalo durante 20 segundos.
- Luego exhale y libere la presión sobre los músculos.

Ahora bien, cuando se contiene la respiración por un tiempo, y si no se está acostumbrado a contener la respiración por mucho tiempo, es probable que se sienta incómodo. En la etapa de la incomodidad, sentirá que algo de energía sube por su columna vertebral. Esta energía es la misma que la energía sexual que un practicante tántrico dispersa al resto del cuerpo.

Así que, con el ejercicio que implica apretar y sostener los músculos de los esfínteres, está esencialmente tratando de despertar la Kundalini shakti o energía que yace como una serpiente enroscada en la base de su columna vertebral. Lo interesante del despertar de la Kundalini es que no solo puede experimentar esta energía subiendo en dirección a su chakra de la corona, sino que también se mueve en una formación ondulatoria, similar a la estructura del ADN.

El prana, o la energía pránica, es la energía universal que da poder a todo en este universo. Conecta todas las formas de vida. El prana es también la fuerza que está detrás del funcionamiento de la naturaleza y de cómo todo se mantiene en equilibrio. Por ejemplo:

- ¿Se ha preguntado alguna vez cómo el oxígeno, el dióxido de carbono, las plantas y animales salvajes, y todo lo demás a su alrededor sabe lo que tiene que hacer?

- ¿Se ha preguntado alguna vez cómo a pesar de que los leones (u otros depredadores) matan y comen ciervos (u otras presas), el número de presas y depredadores permanece equilibrado en la naturaleza?

- ¿Se ha preguntado alguna vez cómo diferentes personas componen este mundo y viven juntas?

- ¿No observa que parece haber un diseño ordenado detrás de todo en la naturaleza que mantiene todo en ella equilibrado y ordenado?

El poder detrás de este orden y estructura de la naturaleza es también el prana o la energía pránica que impregna todo el universo. Para experimentar la energía del prana, pruebe este ejercicio:

- Cierre los ojos y relájese.

- Respire profundamente y luego suelte todo lo que pueda.

- Repita la inhalación profunda y exprese todo lo que pueda soltar durante la exhalación.

- Mientras exhala, trate de soltar todas sus emociones, pensamientos y todo lo que pueda experimentar. Recuerde, no estamos tratando de lograr la perfección durante este proceso. Solo concéntrese en tratar de liberar todo lo que pueda de su sistema.

Mientras hace esto, trate de identificar esa parte de su cuerpo que es la fuente de toda la energía en este universo. Sí, este lugar dentro de su cuerpo, que es la fuente de toda la energía, existe. Podría estar en cualquier lugar. Podría estar en su corazón, vientre, área del pecho, cabeza, o en cualquier otro lugar. Es para que pueda identificar este lugar que contiene una parte del prana universal. Este lugar en su cuerpo se comporta como un agujero negro invertido porque a diferencia de un agujero negro que lo absorbe todo, este lugar le llena de luz infinita.

Cuando encuentre este lugar, intente respirar hacia dentro en este lugar del prana. A medida que lo hace, sentirá que todos los poros de su cuerpo se abren, y experimentará la sensación de nadar en un océano de energía blanca y brillante que impregna y rodea todo dentro y fuera de usted. Esta energía pránica nutre su cuerpo y mente a través de la glándula pineal y activa su cuerpo. Se necesita algo de práctica para alcanzar estos niveles de enfoque que le llevará al lugar de la energía pránica. Sin embargo, puede hacerse con una práctica paciente y diligente.

Por lo tanto, la energía Kundalini crea vida, y las personas que experimentan el despertar de la Kundalini tienen el poder de usar y dispersar esta Kundalini shakti a otras partes del cuerpo. La energía pránica, por otra parte, es la fuente de poder universal y penetra en todo el universo.

Lo importante que hay que recordar sobre la energía Kundalini es que mientras que varios métodos pueden ayudarle a despertarla, el despertar en sí mismo puede y ocurrirá solo cuando sea el momento para usted. Por lo tanto, mientras practica los métodos de este libro, es importante no impacientarse y no forzar nada en usted, su cuerpo y su mente. En su lugar, simplemente haga lo que tiene que hacer y espere a que ocurra en el momento adecuado.

Pero de nuevo, ¿hay alguna diferencia entre la energía Kundalini y la energía pránica? Esencialmente, la energía es la misma en todas partes, y solo aparece como diferentes manifestaciones dependiendo de la situación, lugar y estado de la mente. Por lo tanto, de muchas maneras, la energía Kundalini que fluye a través de la columna vertebral no es muy diferente del prana que fluye a través de ella.

El prana fluye a través de los canales primarios, a saber, Ida (fluyendo hacia arriba el Ida mientras inspiramos) y Pingala (fluyendo hacia abajo mientras exhalamos). La energía Kundalini es un prana potencialmente poderoso que yace enroscado en la base de la columna vertebral. Cuando se despierta, esta energía Kundalini fluye hacia arriba del Sushumna y tiene el potencial de llevarnos a la iluminación espiritual.

# Capítulo 2: ¿Qué es un despertar de la Kundalini?

En el capítulo anterior, se le dio un vistazo de lo que el despertar de Kundalini puede ser. Este capítulo está dedicado enteramente al despertar de la Kundalini. Aprenderá lo que es, qué métodos se utilizan para despertarla (tanto de forma espontánea como consciente), los síntomas que es probable que experimente y cómo se siente.

Así que, para reiterar, la Kundalini es la energía creativa femenina que yace latente (en forma de serpiente enroscada) en la base de la columna vertebral en cada uno de nosotros. Sin embargo, no hay evidencia física de la presencia de este elemento en forma de serpiente en nuestro cuerpo. Es una forma de energía sutil que tiene el poder de despertar y conocer su presencia cuando experimentas su poder.

La Kundalini, como el prana y los nadis o canales a través de los cuales fluye, es invisible al ojo humano, pero puede ser sentida y experimentada cuando está en su estado activo. Esta sutil forma de energía contiene otros elementos de nuestro yo no físico, incluyendo nuestras huellas energéticas, nuestros patrones de energía naturales y adquiridos, y también las huellas emocionales.

Kundalini es el lugar donde están nuestras experiencias de vida, incluyendo las creadas por nuestra familia, cultura y sociedad (llamadas colectivamente "samskara" en sánscrito).

Curiosamente, aunque la energía contenida en nuestra Kundalini parece metafórica, o incluso metafísica para los novatos, puede estar seguro de que no lo es. La Kundalini es sutil, pero definitivamente existe y es algo que muchos de nosotros somos capaces de activar y despertar usando una variedad de métodos, incluyendo la meditación, el yoga y otros.

Puede sentir la energía Kundalini de la misma manera que puede sentir su piel o ver algo colorido a través de sus ojos. En el estado despierto, puede sentir la energía Kundalini danzar arriba y abajo a través de su columna vertebral y los nadis en su cuerpo. A medida que se mueve libremente, también puede sentir la disolución de todos los bloqueos de energía en su cuerpo. A medida que se liberan los diferentes bloqueos de energía acumulados a lo largo de los años, su comprensión de las creencias de larga data se mejora, y puede ver las cosas en una forma más clara que antes.

La elevación de la Kundalini se llama despertar porque es literalmente así, el despertar de su estado de inactividad. La Kundalini shakti se despierta de su sueño y baila hacia arriba en un esfuerzo por volver al señor Shiva, el ser supremo, según los shaivitas. Cuando la Kundalini shakti rompe el chakra de la corona, es como una gota del océano (reflejando a cada humano) convirtiéndose en uno con el poderoso océano o la energía universal.

La mayoría de los expertos están de acuerdo en que despertar la Kundalini sin la guía de un gurú puede ser peligroso, tanto para usted como para las personas que le rodean. El despertar de la Kundalini puede ocurrir ya sea a través de la práctica consciente del yoga, la meditación y otras técnicas y como resultado de un trauma, una experiencia cercana a la muerte, una enfermedad debilitante, en los sueños, el mal uso y el abuso de las drogas o incluso teniendo relaciones sexuales con una pareja con la Kundalini despierta. El despertar de la Kundalini requiere niveles sin precedentes de la firme disciplina de nuestro cuerpo y mente para que podamos estar listos para aceptar las responsabilidades que acompañan al poder de despertar la Kundalini innata.

Entonces, ¿por qué alguien debería tratar de despertar la Kundalini shakti? En última instancia, el despertar de la Kundalini viaja de vuelta a Dios o al poder divino universal. Ayuda a deshacerse de su ego, también, al entregarse a la divinidad universal. El propósito final del despertar de la Kundalini es para la autorrealización.

Sí, el despertar de la Kundalini puede parecer una experiencia loca que puede llevarle a situaciones más allá del control humano. Sin embargo, eso es solo una parte del proceso. La Kundalini es, en realidad, un proceso orgánico e inteligente con un propósito sistemático al final.

Una Kundalini despierta le ayuda a desatar todos los nudos emocionales y mentales de su mente para que pueda ver el verdadero propósito de su vida, en particular, y del universo, en general. El despertar de la Kundalini es el levantamiento de la Shakti en su interior. También significa que el camino para que Shiva entre en usted se está despejando y preparando.

El despertar de la Kundalini significa que Shakti está llamando a Shiva para que baje y se encuentre con ella, incluso cuando ella sube para encontrarse con él. El Despertar de la Kundalini es un ejercicio para traer la divinidad a nuestro mundo materialista más que tratar de trascender nuestra vida. El Despertar de la Kundalini es un proceso de purificación de nuestro cuerpo, mente y alma para que nos convirtamos en recipientes listos para recibir y mantener el poder divino universal dentro de nosotros.

Desde una perspectiva fisiológica, puede relacionar el despertar de la Kundalini con el funcionamiento de su sistema nervioso central. Cuando la Kundalini se activa, la energía hasta ahora inactiva sube por el Sushumna Nadi de un chakra a otro hasta que llega a la parte superior de la cabeza o al chakra de la corona. El sistema nervioso central de nuestro cuerpo funciona de la misma manera. Los aspectos primarios del sistema nervioso central están localizados en la columna vertebral, y transmite señales entre el resto del cuerpo y el cerebro (o la parte superior de la cabeza).

El despertar de la Kundalini es frecuentemente visto como una revelación divina, ya que viene con una multitud de experiencias místicas como la conexión con el universo entero, la felicidad, los hermosos colores y luces, y la percepción de planos de conciencia más allá de los humanos. La verdad, curiosamente, es que el despertar de la Kundalini no es nada más que el primer paso de un largo viaje de regreso al lugar de donde uno viene. Cuando usted levanta a la inactiva y dormida Shakti, el verdadero trabajo está a punto de comenzar.

Si ha pasado por el proceso de curación y purificación espiritual, entonces sería una transición suave y no tan difícil que ocurre cuando la Kundalini despierta. Sin embargo, si la Shakti despierta antes de que esté listo o si tiene prisa, entonces la experiencia puede ser bastante desagradable.

Efectivamente, cuando la Kundalini se despierta, es como despertar a un gigante dormido o a una giganta, en este caso. Ella purificará su cuerpo, corazón y mente. Sin embargo, si usted tiene la Kundalini antes de que haya tratado con los problemas y otros aspectos desagradables de su vida, entonces el proceso de "limpieza" puede golpearle muy duro. Por lo tanto, es imperativo que no fuerce el despertar de la Kundalini. Déjela despertar a su tiempo cuando sepa que está listo para aceptarla en el estado activo.

El proceso de purificación necesario antes de que se despierte la Kundalini shakti puede ser difícil e intenso. Puede ser necesario hospitalizarlo o incluso internarlo, ya que puede ser bastante desorientador vivir en el mundo materialista con una Kundalini completamente despierta. Una vez que Ella despierte, entonces su mundo nunca será el mismo.

Por lo tanto, si usted está interesado en despertar la Kundalini Shakti que yace latente en usted, entonces asegúrese de entender realmente su impacto potencial. Comprender cuán profundos son sus deseos, y saber que el camino no será fácil. Finalmente, recuérdese que, si despierta la Kundalini, podría enfrentar una situación en la que desearía no haberla despertado.

Despertar la Kundalini shakti no se trata solo de poderes psíquicos y la felicidad y la unidad con el universo. También es el duro trabajo que implica el camino espiritual. Sin embargo, una vez que ELLA está despierta, entonces ELLA está en control, y solo puede hacer lo que tiene que hacer. Así que, tome una decisión después de pensar bien las cosas.

## Síntomas del despertar de la Kundalini

Una de las primeras señales del despertar de la Kundalini son ciertos síntomas físicos inexplicables. Si tiene alguno de estos síntomas físicos, visite a un médico y hágase examinar y comprobar médica y físicamente para descartar cualquier problema clínico. Independientemente de la intensidad y lo extraño de los síntomas físicos que puede experimentar, recuerde estar conectado con la realidad en todo momento. Cuídese, alimente bien su cuerpo, haga ejercicio regularmente y asegúrese de no tener ningún motivo de preocupación médica.

Los resultados iniciales del despertar de la Kundalini pueden variar desde un simple y profundo anhelo de conocer y conectarse con Dios hasta una intensa sensación de algo como una ola de calor que sube por su columna vertebral y estalla en el chakra de la corona o en la parte superior de su cabeza. Frecuentemente, sentirá una sensación de felicidad o unidad con todo y todos a su alrededor mientras su realidad y conciencia se expande para cubrir mucho más en este universo que lo que siente actualmente con su cuerpo humano y sus sentidos.

Podría sentir una felicidad total acompañada de sacudidas corporales repentinas que podrían asustarle. Solo trata de permanecer conectado a sí mismo y a su realidad humana durante tales episodios. Otro fenómeno interesante del despertar de la Kundalini es que, tanto si es practicante de yoga como si no, se encontrará moviéndose espontáneamente hacia posturas de yoga y asanas que nunca ha hecho antes. Aquí están las experiencias comunes de pasar por el proceso del despertar de la Kundalini:

- Espontáneamente comienza un viaje de reconocimiento emocional. Se encuentra mirando su vida pasada, o bien se pierde ciertas cosas o se siente triste por haber tenido que experimentar eventos desagradables.

- Gastará mucho tiempo y energía en desempacar y limpiar el desorden emocional y mental de su vida. Este es el mejor momento para mirar todo lo que le entristece y dejarlo ir.

- Podría tener síntomas físicos en forma de sudoración excesiva, despertarse durante la noche sin rima ni razón, y a veces incluso llorando.

- Podría tener un deseo repentino de hacer cambios radicales en su vida. Esta necesidad de cambio podría cubrir cualquier aspecto de su vida, incluyendo sus amigos, trabajo, relaciones, dieta, regímenes de ejercicio y más. Lo más importante es que se dará cuenta de qué y por qué ciertas cosas no funcionan en su vida.

- Se vuelve extremadamente consciente de que su mente ha sido la única cosa que le ha limitado para alcanzar su máximo potencial. Se da cuenta de que su ego le ha mantenido atrapado en una vida limitada a pesar de saber que el vasto universo le llama.

- Ciertamente experimentará increíbles sincronizaciones en su vida. Esto significa que ciertas cosas parecen caer en su lugar de forma automática y alineadas con sus sueños y metas.

- Su capacidad de sentir y percibir las emociones de los demás mejorará significativamente. Esta capacidad puede ser un gran obstáculo inicialmente, considerando que le abrumará. Sin embargo, esta mejora en su capacidad empática es la primera señal de la apertura de su tercer ojo. Se da cuenta del poder de la conexión impecable de todo en el universo.

- Además, le resulta fácil ver a través de las personas y conocer sus verdaderas intenciones, normalmente enmascaradas detrás de un comportamiento forzado. Su capacidad para discernir entre la gente buena y aquellos que pretenden serlo aumenta significativamente.

- Comienza a mirar todo lo que le rodea con nuevos ojos. Su visión de la religión, la política, la tradición, etc. experimenta un gran cambio, y se pregunta qué vio en ellos antes.

- Siente una profunda necesidad de servir a los demás, en especial a los que realmente necesitan su ayuda. Se da cuenta de que ayudar a la gente necesitada es el primordial servicio que un humano puede hacer por otro.

Cuando la Kundalini se despierta, un novato no preparado probablemente se sentirá "fuera de serie" o tendrá lo que él o ella cree que son "experiencias extrañas y desconocidas". Podría sentirse desconectado de la realidad y puede desarrollar capacidades únicas, algo que los psíquicos y curanderos llaman el "sexto sentido". Otros síntomas del despertar de la Kundalini incluyen:

- Sensibilidad aumentada e incontrolable a la energía, el sonido y la luz. Normalmente, la persona siente que todos los sentidos están sobrecargados.

- Un profundo anhelo de crecimiento espiritual.

- Aumento de la creatividad.

- Intensa compasión y amor por los demás.

- Un inexplicable sentimiento de que algo grande en el reino espiritual va a suceder.

- Sensaciones energéticas como rayos internos que corren por el cuerpo.

- Movimientos espasmódicos incontrolables en el cuerpo del practicante.

- Sensaciones de tener algo espeluznante y rastrero como serpientes, hormigas o arañas arrastrándose por todo el cuerpo, especialmente a lo largo de la columna vertebral.

- Sentir un frío intenso en todas las partes del cuerpo excepto en una de las posiciones de los chakras donde se puede sentir un calor intenso.

- Formación espontánea y automática de asanas y kriyas (posturas de yoga), posiciones de bloqueo del cuerpo (Bandhas), mudras (gestos con las manos) y pranayama. Típicamente, la persona afectada puede no haber aprendido o estudiado estas técnicas de movimiento de manos y cuerpo antes.

- Olas de éxtasis y placer, casi como un orgasmo.

- Patrones de respiración espontáneos como los descritos en el pranayama, incluso si la persona que lo experimenta puede que nunca haya oído hablar de él o lo haya aprendido de ningún sitio.

- Sensaciones de sonidos extraños como un instrumento musical o como una flauta o un violín, truenos, mantras sagrados en sánscrito, sonidos de animales, golpes de tambor o cualquier otra cosa que los demás no puedan oír.

- Enormes cambios de humor que van más allá de lo que la persona es normalmente capaz de tener.

- Olas de sabiduría sobre la realidad de la vida y el universo.

- Todo en el campo de visión parece vibrar y brillar intensamente, llevando a la comprensión de que todo está interconectado.

- Trastornos gastrointestinales como náuseas, vómitos, diarrea, etc.
- Disminución o aumento de la actividad metabólica.
- Calambres, entumecimiento, dolor e inquietud en las extremidades.

Los síntomas físicos que se manifiestan en su cuerpo durante el despertar de la Kundalini serán atípicos y difíciles de diagnosticar y/o tratar con drogas y medicinas tradicionales. El diagnóstico se explicará más a menudo como psicosomático o un problema emocional o mental subyacente que no se ha resuelto.

La mayoría de nosotros tenemos bloqueos y desequilibrios energéticos junto con hábitos de estilo de vida que agotan la energía, que nos impiden obtener todos los poderes de nuestra vitalidad para llevar una vida plena y significativa. Gracias a estos bloqueos y desequilibrios energéticos, sentimos que nuestra atención se dispersa improductivamente por todas partes; nos sentimos inexplicablemente fatigados y aburridos. El despertar de la Kundalini ayuda a la gente a deshacerse de estos bloqueos de múltiples maneras, incluyendo el hacer que sus cuerpos se muevan espontáneamente en posturas yóguicas.

Estas posturas de yoga espontáneas en las que su cuerpo entra ayudan a limpiar su sistema de todas las energías negativas. La Kundalini despierta hace esto para ayudar a liberar los nudos emocionales, físicos y mentales acumulados en tu cuerpo. La Kundalini le conduce a mover su cuerpo de manera que parezca que está realizando asanas de yoga. A medida que la Kundalini despierta, todas las emociones pasadas que ha mantenido en secreto o incluso olvidadas, salen de su sistema. Sentimientos de negación, rechazos, traumas y todo lo demás se eliminan de su cuerpo y mente.

Este proceso es difícil porque la eliminación de la negatividad no ocurre sin problemas si no está preparado. Con una Kundalini despierta, el universo conspirará para acelerar el funcionamiento de su karma a un ritmo más rápido que antes, para el cual podría no estar preparado. Por lo tanto, forzar su Kundalini a despertar puede ser contraproducente para el objetivo espiritual final del ejercicio.

El truco con el proceso y los resultados del despertar de la Kundalini es que, si se hace de manera desequilibrada, el practicante podría terminar con algo conocido en el mundo espiritual como el Síndrome de Kundalini. El Síndrome de Kundalini puede definirse vagamente como un conjunto de experiencias afectivas, sensoriales, mentales y motoras que son extrañas, desconocidas e inducen miedo.

Con el despertar de la Kundalini, asustarse de explorar un reino desconocido y extraño es natural. Es importante recordarles que la Kundalini no ofrece ninguna cura mágica para todos sus males. Lo que le ofrece es el poder de trascender el mundo materialista espiritual y físicamente para que sepa y entienda que hay mucho más en este universo que su vida. Esta revelación le ayudará a asentarse y aprender a aceptar y abrazar todas sus experiencias vitales con ecuanimidad, incluso cuando se sienta más capacitado que antes para manejar los problemas y asuntos de su vida rutinaria.

Algunas personas que se ven empujadas a esta nueva experiencia encuentran difícil hacer frente a ella. Por lo tanto, sienten la necesidad de buscar refugio en el alcohol, las drogas y otras sustancias adictivas. Lo mejor para ayudarse a sí mismo a lidiar con este miedo es educarse sobre la Kundalini y sus poderes cuando se despierta para que pueda prepararse bien.

Despertar la Kundalini puede tener otros resultados desagradables, incluyendo el fin de ciertas relaciones en su vida, una reorientación de su vida profesional y personal, y deshacer los hábitos de su antigua vida. Puede ser doloroso porque puede que no quiera renunciar a ciertas personas y cosas. Sus intentos de aferrarse a ellas incluso mientras intenta continuar su viaje del despertar de la Kundalini puede causar mucho sufrimiento tanto para usted como para las personas de su vida a las que no está preparado para dejar ir.

Es vital recordar aquí que la Kundalini no es una enfermedad como los síntomas del " síndrome de Kundalini" descritos anteriormente podrían hacer creer a los novatos que lo es. Cuando las condiciones no son correctas en el momento del despertar de la Kundalini, entonces el proceso puede conducir a enfermedades psicológicas y físicas que aparecen como síntomas "similares a la enfermedad". Por lo tanto, es mejor llamar a estas experiencias como " señales del despertar de la Kundalini" en lugar de síntomas.

Cuanto más trabajo realice en sí mismo antes del despertar de la Kundalini, más suave y fácil será todo el proceso. Los despertares espontáneos o forzados no son buenos porque tendrá que pasar por un camino difícil. Requiere tiempo y esfuerzo. Pero eventualmente, el despertar de la Kundalini transforma la vida del practicante a nivel físico, emocional y espiritual.

Los beneficios de una Kundalini despierta son numerosos. Se convertirá en un empático debido a su mayor sensibilidad a muchas energías a su alrededor. Como empático, puede tener un impacto positivo en las personas de su vida. Las capacidades psíquicas debido al despertar de la Kundalini ayudan a construir su creatividad y carisma personal, de forma natural y sin efectos secundarios. Conocerá y experimentará una paz real, y nada del mundo exterior hará mella en esta sensación de calma que logrará en su interior. Los confusos misterios de la vida ya no serán un misterio para usted.

# Capítulo 3: Kundalini y la meditación

Ahora que hemos pasado los aspectos teóricos de la Kundalini Yoga, es hora de seguir adelante con el trabajo práctico. Entonces, ¿cómo se empieza con la Kundalini Yoga? Bueno, como se mencionó anteriormente, el proceso de despertar debe suceder lentamente sin apresurarse o forzar nada en su persona. Este capítulo está enfocado en iniciarle en técnicas simples de meditación que le ayudarán a incrementar la autoconciencia y los poderes de concentración.

Estas técnicas básicas de meditación son críticas para aprender y dominar, porque a través de ellas no solo podrá identificar sus fortalezas y debilidades, sino que también podrá aceptar múltiples aspectos desagradables pasados y presentes de su personalidad. Cuanto más usted aprenda sobre sí mismo, mejor control tendrá sobre su vida.

Aceptar los rasgos de personalidad y otros aspectos positivos de nuestra vida suele ser fácil para la mayoría de nosotros. Sin embargo, reconocer nuestras debilidades, abrazarlas y amarnos a pesar de ellas es una capacidad que requiere cierta práctica. Las técnicas básicas de meditación que se centran en observaciones sin juicios de nuestras experiencias de vida son una gran manera de comenzar este viaje de autodescubrimiento. Así que, comencemos.

La mayoría de nosotros vivimos nuestras vidas sin pensar, corriendo de una tarea a otra sin siquiera ser conscientes de lo que estamos haciendo, y a veces, incluso por qué lo estamos haciendo. Nos levantamos cada mañana, nos apresuramos en nuestras abluciones matinales, engullimos nuestro desayuno, nos precipitamos en el tráfico pesado para llegar a nuestro lugar de trabajo, y trabajamos de la mañana a la noche hasta que es hora de ir a casa y nos quedamos dormidos completamente enervados y exhaustos.

A menudo, la mayoría de nosotros sentimos que no tenemos un propósito en la vida. Ni siquiera sabemos cuáles son nuestros deseos e intenciones. Hacemos la mayoría de las cosas en la vida porque otras personas lo hacen o porque es una moda pasajera. Queremos ganar dinero porque otros lo ven como una forma de tener éxito. Queremos ser famosos porque eso parece ser lo que hay que hacer hoy en día. Realmente no nos conocemos a nosotros mismos o lo que realmente queremos en la vida.

El primer paso para despojarse de este apuro de la vida es empezar a meditar. La meditación le ayuda a vivir la vida con una mayor conciencia y una mayor intención. La meditación Kundalini es una forma avanzada de meditación donde tratas de despertar la Kundalini. Pero antes de eso, empecemos con algunos fundamentos.

## ¿Qué es la meditación?

La meditación es un proceso estructurado que utiliza diversas técnicas, como la de la atención plena, a través de la cual el practicante aprende a centrar su mente en un objeto, una actividad o un pensamiento para aumentar la conciencia de sí mismo y centrar la atención. La meditación ayuda al practicante a lograr un estado mental tranquilo, claro y despejado.

La meditación ha sido practicada por los humanos durante eones. Ha sido un principio importante de múltiples religiones en las que los seguidores la han utilizado para buscar la iluminación espiritual y la autorrealización. Los primeros registros conocidos de la meditación se encuentran en textos hindúes como los Vedas y los Upanishads, donde la idea se llama "Dhyana". La meditación también se encuentra en el budismo, especialmente en la forma de atención.

Desde principios del siglo XIX, el concepto y la práctica de la meditación y la atención se han extendido al mundo occidental. Se sigue investigando científicamente este fascinante tema. Gracias a los resultados positivos de estos estudios de investigación, la práctica de la meditación forma parte de las múltiples terapias utilizadas por los médicos y especialista occidentales.

La meditación se ha convertido en una herramienta importante en el campo de la psiquiatría y la psicología, y se está investigando su utilización como terapia complementaria para tratar numerosas enfermedades psicológicas y mentales, muchas de las cuales son muy prometedoras. Todo esto demuestra que la mente humana juega un papel importante en nuestras vidas, incluyendo la forma en que nuestra personalidad resulta, la forma en que nos comportamos y la forma en que vivimos. Sin embargo, la mayoría de nosotros minimizamos, consciente o inconscientemente, la importancia de entrenar nuestras mentes para llevar una vida mejor. La meditación es una gran manera de entrenar su mente conscientemente para que pueda usar sus profundos poderes para lograr cambios positivos en su vida.

Así que, comencemos por encontrar respuestas a algunas de las preguntas básicas sobre la meditación, incluyendo:

- ¿Dónde y cuándo debería meditar?
- ¿Qué debería hacer con su cuerpo mientras medita?
- ¿Cuánto tiempo debería meditar?
- ¿Qué hacer con su mente durante la meditación?

- ¿Con qué frecuencia debería meditar?

¿Dónde y cuándo debería meditar? Técnicamente, puede meditar en cualquier lugar y en cualquier momento. Puede sentarse en una silla, en el suelo, o incluso mientras está acostado en la cama. ¿Por qué? Porque meditar es un ejercicio para la mente y no para el cuerpo. Sin embargo, hay una forma óptima de meditar para que obtenga los máximos beneficios. Por ejemplo, meditar mientras se está acostado en la cama puede no ser una gran idea porque podría quedarse dormido sin querer.

Sentarse en el suelo con la espalda erguida, pero relajada, se considera la mejor manera de meditar. Esta posición le permite permanecer bien despierto, y sentarse en esta posición puede ser realmente cómodo durante largos períodos, aunque inicialmente no esté acostumbrado a ello. Con la práctica, verá que sentarse en el suelo es una de las mejores maneras de meditar. Y, aun así, si tiene problemas para sentarse con las piernas cruzadas en el suelo, puede sentarse en una silla con la espalda erguida.

Además, elija un lugar libre de distracciones y perturbaciones. Asegúrese de que sea un lugar cómodo, no muy caliente o frío. Una botella de agua a su lado puede ayudar si quiere tomar un pequeño descanso. Elija su ropa sabiamente también para que no se sienta incómodo, considerando que los tipos de tela pueden pegarse a su piel y causar picazón o rasguños, lo que podría distraerlo de su meditación. La ropa limpia, fresca y de colores claros le hace sentir fresco y ligero y es propicia para la meditación.

¿Qué debería hacer con su cuerpo mientras medita? Los pies son las partes del cuerpo más importantes en las que hay que concentrarse mientras se medita. Sentarse en el suelo con un pie sobre el otro es lo que recomiendan los meditadores y adeptos experimentados.

Sin embargo, si esta posición no es posible (especialmente en las primeras etapas del aprendizaje y la práctica de la meditación), entonces está perfectamente bien sentarse con las piernas cruzadas y con una pierna sobre la otra. Los brazos deben descansar sobre los muslos y las palmas de las manos deben apoyarse una encima de la otra, formando la forma de una taza y descansando sobre las piernas dobladas.

Su espalda debería estar erguida, pero no rígida. Una posición relajada sin molestias en ninguna parte del cuerpo es fundamental para la meditación. La cabeza debe estar recta, no inclinada ni hacia arriba ni hacia abajo. Sus ojos pueden estar abiertos o cerrados mientras medita. Sin embargo, en los días iniciales de la práctica, si mantiene los ojos abiertos, es probable que se distraiga con las vistas que le rodean, lo que dificulta el enfoque. Por lo tanto, como principiante, es mejor meditar con los ojos cerrados para aumentar la facilidad de lograr el enfoque. Sin embargo, si medita con los ojos abiertos, es mejor no enfocar ningún objeto o cosa frente a usted. Es mejor mirar a la distancia.

El momento de la meditación depende de la persona. El truco es encontrar un momento en el que sepa que no será molestado por nada ni nadie. Además, no medite cuando sienta hambre excesiva o esté demasiado lleno, ya que lo desagradable de su estómago podría distraerle de su meditación.

Teniendo en cuenta estos elementos, puede ser mejor meditar tan pronto como se despierte antes de que otros en su casa se despierten y le distraigan. Hágalo justo antes de irse a la cama después de que otros se hayan dormido. Recuerde que puede meditar en cualquier momento del día o de la noche cuando le apetezca.

¿Cuánto tiempo debería meditar? En los primeros días, podría ser una buena idea no programar el temporizador por mucho tiempo. Esto se debe a que el tiempo tiende a ir más lento de lo normal cuando se medita. Cuando el tiempo pasa lentamente, y aún no está acostumbrado a estar sentado tranquilamente durante mucho tiempo, entonces es probable que su mente se vea perturbada y distraída por los pensamientos de cuánto tiempo falta para el final de la sesión.

Por lo tanto, comience con un período corto, tal vez cinco minutos (o incluso menos si quiere). Aprenda a sentarse quieto durante el período elegido hasta que se sienta cómodo. Luego puede aumentar gradualmente esta duración hasta que pueda meditar por lo menos 30 minutos de corrido.

¿Qué hacer con su mente durante la meditación? Este es el verdadero truco de la meditación. Hay una variedad de elementos y cosas que los meditadores usan para enfocar sus mentes durante la sesión de meditación. Por ejemplo, en algunas meditaciones, es necesario enfocarse en un objeto que esté delante de usted. Algunas técnicas de meditación incluyen el canto de mantras.

Una de las formas más básicas de meditación que se adapta mejor a los principiantes es la meditación de respiración con atención plena. No solo es fácil de aprender (dominarla llevará tiempo y una práctica diligente), sino que es tan poderosa como cualquier otra forma de meditación, incluyendo la recitación de mantras complejos. Como su nombre lo indica, el foco de este tipo de meditación es la respiración.

Primero, asegúrese de que está respirando por la nariz y no por la boca. Una vez que lo haya hecho bien, solo tiene que concentrarse en su respiración y observar la forma en que el aire entra y sale de sus fosas nasales mientras inspira y espira. Observe la forma en que el aire se siente al entrar y salir de sus fosas nasales mientras inhala y exhala.

Observe cómo su respiración pasa de la inhalación a la exhalación. Observe esa pequeña (casi imperceptible) pausa entre la inhalación y la exhalación. Observe todo lo relacionado con su proceso de respiración. No intente controlar su respiración, ni ralentizarla ni acelerarla. Solo observe sin juzgar, sin criticar, elogiar o formar opiniones en su mente.

Lo que notará muy pronto es que los pensamientos vendrán a su mente más temprano que tarde, distrayéndole de esta tarea de observar su respiración. Así que, por simple que parezca, este ejercicio requiere su total atención a la tarea que tiene entre manos. Sus pensamientos son tan numerosos y variados que notará cómo cada pensamiento se mueve hacia el siguiente sin control. Por ejemplo, podría tener estos pensamientos:

- Me pregunto qué debería cocinar para la cena. ¿Quizás comida para llevar?
- Lo que mi amigo hizo hoy estuvo mal. Me siento tan herido. Desearía haberle dicho algo.
- Espero que mi hija haya terminado sus deberes hoy.
- Tengo que llevar a mi madre al hospital mañana.
- Espero terminar mi proyecto a tiempo.

No fuerce su entrada o salida de cualquier pensamiento que venga a distraerle. Permanezca con el pensamiento hasta que desaparezca, y luego suavemente vuelva a poner su atención en su respiración. Tomará tiempo dominar esta técnica porque sus pensamientos vendrán continuamente y le distraerán. Permita que le distraigan. Controlar sus pensamientos sería contraproducente. A medida que cada pensamiento pasa y antes de que su mente se mueva al siguiente, trate de volver a poner su atención en su respiración. Repita este ejercicio durante toda la sesión de meditación.

Cuando intenta hacer esto por primera vez, conseguir concentrarse solo en su respiración por un par de segundos será un gran desafío. Se encontrará perdido en sus pensamientos a menudo. A veces, incluso puede darse cuenta de que nunca se enfocó en su respiración durante toda sesión de meditación. Eso no importa. Solo recuerde que debe intentarlo de nuevo y repetir la sesión de meditación al día siguiente. Un pequeño consejo que puede ser útil para usted es enfocar su atención en ese pequeño, casi imperceptible intervalo entre la inhalación y la exhalación.

Otras distracciones comunes serían los picores, las irritaciones, las frustraciones (especialmente el preguntarse cuándo terminará), etc. No se preocupe si le resulta difícil superarlas. No se sienta culpable o crítico de sí mismo. Es normal en los primeros días. Cada vez que se distraiga, intente volver a centrar su mente en su respiración.

La técnica de respiración de atención plena es simple de entender y aprender, pero difícil de dominar. Dominarlas requiere mucho tiempo y esfuerzo. Lo importante es saber que cuando se enfoca en la respiración, incluso por un corto tiempo, la sensación de paz y calma es asombrosa. Además, se mejora con la práctica dedicada y el ensayo y error repetido. Notará que cuanto más practique, más tiempo podrá enfocarse en su respiración en cada una de sus sesiones. Recuerde no frustrarse o impacientarse consigo mismo. No se dé plazos de ningún tipo. Solo continúe haciéndolo diariamente, y lo logrará.

¿Con qué frecuencia debería meditar? Esta pregunta ha sido contestada, ¿verdad? Todos los días. Recuerde que su mente es como un músculo. Cuanto más la hagas funcionar, más fuerte se hará. Medite todos los días, aunque solo sea por cinco minutos. No intente aumentar la duración hasta que esté seguro de que quiere hacerlo. ¡El truco está en meditar todos los días!

Puede elegir hacerlo dos veces al día durante cinco minutos cada una o una vez durante 10 minutos. Elija una hora, un lugar y una duración conveniente. Lo importante es meditar todos los días sin falta para que pueda aprovechar todos los beneficios de la meditación y prepararse para pasar al siguiente paso de la Kundalini Yoga.

¿Cuándo puede experimentar los beneficios de la meditación? Bueno, esta pregunta no tiene una respuesta única porque difiere de persona a persona y también en la frecuencia e intensidad de la práctica de la meditación. Algunas personas están naturalmente sintonizadas con la atención y pueden captar la práctica más rápido y con mayor rapidez que otros con un problema de atención y concentración.

Sin embargo, toma alrededor de un mes de práctica de meditación diligente durante 20 minutos cada día antes de que pueda pensar en cosechar los múltiples beneficios de la meditación. Verá que su capacidad para manejar las emociones negativas mejora considerablemente. Estará en un estado mental más tranquilo y feliz que antes, independientemente de las circunstancias externas. Notará que tiene una menor tendencia a juzgar sobre cualquier cosa o persona. Le será más fácil ver todas las perspectivas con una mente abierta, lo que facilitará su capacidad de tomar decisiones informadas y no impulsivas.

## Beneficios de la meditación

- Solo para mostrarle colectivamente los diversos beneficios de la meditación, aquí hay una pequeña (y definitivamente no exhaustiva) lista:
- Mejora la concentración y ayuda a evitar que los pensamientos aleatorios le desequilibren.
- Rompe con la forma de vida del piloto automático y trae una mayor conciencia y atención a su rutina.
- Ayuda a equilibrar su cuerpo, mente y alma.
- Ayuda a mejorar y construir energía creativa para manejar fácilmente los problemas y asuntos de su vida.
- Mejora la conciencia de su cuerpo y sus diversos problemas y debilidades, incluyendo los problemas de su estilo de vida.

- Mejora las conexiones nerviosas, los patrones en el cerebro, y le mantiene equilibrado emocional y mentalmente. También mejora el funcionamiento cognitivo.

- Ayuda a reducir el estrés y la ansiedad y también mejora la paz mental.

- Ayuda a reducir los trastornos del sueño y mejora los patrones de sueño.

- Las técnicas de respiración adecuadas durante la meditación ayudan a mejorar la capacidad pulmonar.

- La meditación es un ejercicio simple. El truco está en convertirlo en un hábito diario para que pueda beneficiarse de él. Una vez que haya aprendido a meditar y haya podido aprovechar sus beneficios en su vida, estará un paso más cerca del despertar de la Kundalini.

# Capítulo 4: Trabajando con los chakras

El concepto de chakras se ha presentado brevemente en este libro. La Kundalini Shakti, cuando se despierta, sube por la columna vertebral, pasa por los diferentes chakras hasta llegar a la parte superior de la cabeza o el chakra de la corona. Entendamos más sobre los chakras en este capítulo.

## Entendiendo los Chakras

En sánscrito, Chakra se traduce como "rueda" o "disco". Por lo tanto, los chakras pueden ser visualizados como discos giratorios o ruedas de luz y/o energía. Los chakras en nuestro cuerpo absorben y mantienen los niveles de energía en nuestro cuerpo y mente para su funcionamiento uniforme, óptimo y sin obstáculos.

Los chakras, o los centros de energía en nuestro cuerpo sutil, representan la conexión energética entre nuestra conciencia y nuestro cuerpo físico. Son siete chakras importantes, y cada uno está en un flujo constante de energía, recibiéndola y transmitiéndola, involuntariamente y sin nuestro conocimiento, hasta que intentamos ser conscientes de su poder.

El buen funcionamiento de nuestros chakras determina múltiples aspectos de su vida, incluyendo:

- La profundidad con la que experimenta su vida.
- La profundidad y la atención con la que está comprometido con cada momento de su vida.
- Cuánta paz interior experimenta.
- Cuán exitoso es en sus relaciones personales y profesionales.
- E incluso cómo encaja su cuerpo físico.

Trabajar con sus chakras, realinear los chakras desequilibrados, y asegurar su buen funcionamiento ayudará en el flujo ininterrumpido de la energía sutil y espiritual en su cuerpo. Este suave flujo de energía facilita una vida más feliz y significativa que antes, incluso mientras se prepara para despertar su Kundalini Shakti.

Al practicar la activación regular de los siete chakras importantes en su cuerpo, puede aprovechar su vasta reserva de energía espiritual que puede desbordarse fácilmente para afectar positivamente todos los demás aspectos de su vida. Cada chakra raíz tiene una bija mantra (sonido de la semilla o su sonido básico) junto con su conjunto de funciones y responsabilidades. Veamos detalladamente cada uno de estos siete prominentes chakras o centros de energía en nuestro cuerpo.

### Chakra Raíz

La palabra sánscrita para este centro de energía es Muladhara, su bija mantra es *Yo soy,* y dice, "Yo existo". El chakra de la raíz, como su nombre lo sugiere, le ayuda a enraizar su cuerpo y su mente en el poder de la tierra. Está relacionado con la energía básica de supervivencia que todos necesitamos para vivir bien en este mundo. Cuando estaba en el vientre de su madre, el chakra de la raíz era lo único que importaba. El chakra de la raíz le proporcionaba su equipo de supervivencia, incluyendo alimento, calor, estabilidad y seguridad, que son elementos relacionados con la supervivencia.

El chakra de la raíz es el asiento de sus instintos, el verdadero poder detrás de su supervivencia. La respuesta primaria de lucha/huida es solo una manifestación de su Muladhara. Un Muladhara fuerte y con bases le permite llevar una vida materialmente feliz, libre de sufrimiento físico. El chakra de la raíz le da la tierra y le da el poder de lidiar con las pruebas y tribulaciones de la vida.

**Ubicación del chakra de la raíz:** El chakra de la raíz está en la base de la columna vertebral entre el ano y los genitales. El color asociado con el chakra de la raíz es rojo.

Estos son aspectos importantes del Muladhara:

Ayuda a construir una conexión fuerte y sólida con su cuerpo.

- Facilita su capacidad para tener una visión de las relaciones.
- Le libera de los prejuicios y le permite tomar decisiones informadas y objetivas en todos los asuntos de su vida.
- Le libera de las perspectivas negativas heredadas.
- Le da el poder de valorar toda la vida en la tierra.
- Le da una base y construye seguridad y estabilidad en su vida.
- Construye sus niveles de compromiso.

Los desequilibrios en la energía del chakra de la raíz pueden causar ansiedad y estrés. Podría estar inexplicablemente asustado de todo lo que le rodea. Las manifestaciones físicas de un chakra raíz desequilibrado incluyen problemas en el colon, la vejiga, la parte baja de la espalda, los pies y las piernas, la próstata (en los hombres) y los trastornos alimenticios.

**Equilibrar su chakra de la raíz:** Utilice estos ejercicios para ayudarle a equilibrar y armonizar la energía en su chakra de la raíz. El principio básico de estos ejercicios es pararse en sus pies conscientemente y conectado con el elemento tierra. La mejor parte es que puede hacer estos ejercicios en cualquier lugar, ya sea mientras espera en la cola de una tienda de comestibles, o en el mostrador de un cajero, o mientras espera su tren o autobús.

- Póngase de pie cómodamente con los pies separados (a la anchura de la cadera) y firmemente fijados al suelo. Los talones deben estar alineados con las caderas mientras está de pie. Cambie el peso de su cuerpo de un pie a otro lentamente hasta que esté seguro de que cada uno recibe una cantidad igual de su peso corporal.

- Observe cuidadosamente su postura y compruebe si se apoya en el pie o en los talones. Muévase suavemente hacia atrás y hacia adelante hasta que su centro de gravedad se sienta en el punto medio de los arcos de sus pies.

- Asegúrese de que todas las partes de sus pies reciben la misma cantidad de su peso corporal en ellos.

- Sienta los ovillos de los diez dedos y asegúrese de que se agarran firmemente al suelo.

- Sienta los huesos de la espinilla empujando hacia abajo. Asegúrese de que sus rodillas estén rectas, pero no rígidas o trabadas. Sienta los huesos de los muslos, pantorrillas y coxis mientras soportan el peso de su cuerpo. Empuje las costillas inferiores hacia adentro.

- Mantenga el hombro recto y la cabeza erguida, asegurándose de que la barbilla esté paralela al suelo.

- Concéntrese en su respiración y asegúrese de que está respirando normal y rítmicamente. Experimente la sensación de estar libre y estable cuando sus pies estén firmemente colocados en el suelo, y su cuerpo sepa que está seguro.

Con esta postura física fuerte, estable, libre y poderosa, mire los otros aspectos de su vida y encuentre respuestas a la pregunta, "¿Dónde estoy parado?".

Además, los ejercicios físicos como saltar, trotar, bailar, etc., también son muy útiles para despejar los bloqueos energéticos y equilibrar el chakra de la raíz. Otras formas de mejorar el poder y la energía del chakra de la raíz son:

### Chakra sacro

El término sánscrito para este centro de energía es Swadisthana. Su bija mantra es *vam*, y dice, "Yo deseo". Asociado con el impulso del placer, los instintos creativos, y siendo el asiento del instinto de procreación, un chakra sacro equilibrado y de libre flujo trae gracia, atractivo y fluidez en su vida. Su capacidad para aceptar y adaptarse a los cambios aumenta automáticamente.

A diferencia del chakra de la raíz, el chakra sacro no está asociado con la supervivencia. Está más inclinado a la gratificación de sus sentidos y a la búsqueda de placer. El poder del chakra sacro reside en la satisfacción de sus deseos. Simbolizado por el elemento agua, el flujo de energía desbloqueado en el Swadisthana le da la fuerza del movimiento y la adaptabilidad. Le permite dar y recibir de y hacia los demás con gratitud y humildad.

Cuanto más equilibrado esté su chakra sacro, más cómodo se sentirá consigo mismo. Mientras que estará feliz de compartir su energía y amor con otros, también sabrá la importancia de satisfacer sus propias necesidades. El chakra sacro también es responsable de la sexualidad, la intimidad, la pasión, el dinero, la alegría y la creatividad.

**Ubicación del chakra sacro:** Está situado justo encima del hueso púbico, y el naranja es el color asociado a él.

**Importancia de un chakra sacro equilibrado:** Un chakra sacro equilibrado ayuda a aumentar la creatividad, la vitalidad y la sensibilidad. Se sentirá capacitado para expresar sus emociones de forma sana y segura, mejorando así su capacidad para tener relaciones y asociaciones satisfactorias. El chakra sacro se considera femenino y es un elemento importante para tener una personalidad abierta y honesta que le permita nutrirse a sí mismo y a los que le rodean.

Un chakra sacro desequilibrado o bloqueado puede hacerle poco emocional e inseguro. Es probable que sienta incertidumbre, lo que le hace débil de mente, y le conduce a una disminución de la capacidad de hacer frente y adaptarse a los cambios en su vida. Una sensación de desapego y una visión rígida de todo hará que sea difícil atravesar los altibajos de su vida. Aquí hay ejercicios mentales que le ayudarán a equilibrar y desbloquear su Swadisthana. Es un proceso de visualización donde imagina que su mente es un vasto lago abierto.

- Siéntese cómodamente en una posición de meditación. Respire normalmente por sus fosas nasales. Asegúrese de que su boca esté cerrada.

- Ahora, imagine que su mente es un vasto lago abierto. Luego, visualice a alguien dejando caer un gran diamante azul en el lago, creando ondas en el lago.

- Permita que su respiración se haga progresivamente menos profunda hasta que el aire parezca llegar al final de sus fosas nasales. Este enfoque asegurará que su respiración no cree ondas en el lago de su mente.

- A medida que su respiración se calme, su mente también se calmará, y las ondas del lago se desvanecerán lenta, pero seguramente.

- Ahora, centre su atención en buscar el diamante a través de las profundidades del agua clara.

- Sus pensamientos se dispersarán, especialmente al principio. Cada vez que note que esto sucede, vuelva a prestar atención a la ubicación del diamante bajo el agua del lago.

- Es importante que no intente controlar o suprimir sus pensamientos porque cuanto más intente evitar o suprimir sus pensamientos, más fuertes serán los que vuelvan.

- Estos pensamientos suprimidos agotarán su energía innecesariamente. En cambio, obsérvelos con indiferencia, y las posibilidades de que sigan adelante sin perturbar su paz son altas.

- Intente centrarse solo en la localización del diamante. A medida que el agua del lago se calme y las ondas se reduzcan lentamente, podrá ver hasta su fondo. A medida que explore el suelo del lago, encontrará el brillante pedazo de diamante azul.

Lo mismo vale para su mente. Manténgala tranquila y libre de ansiedad, y podrá sumergirse en sus profundidades y encontrar su diamante, el poder de su paz interior.

### Chakra del plexo solar

Conocido como el Manipura en sánscrito, el chakra del plexo solar le proporciona el poder de transformación para procesar la materia y la energía. Su bija mantra es el *ram*, y dice, "Yo controlo". El poder de este centro de energía le ayuda a convertir todo lo que toma, incluyendo comida, ideas, observaciones, etc., en formas prácticas y utilizables. Su sentido de autoestima, la posesión más preciada para cualquier persona se mantiene en Manipura. También es la sede de su personalidad y carisma. Cuando la energía fluye libremente en el chakra del plexo solar, el mundo puede percibir su auténtica personalidad.

El elemento conectado con este chakra es el fuego, y al igual que el fuego (también manifestado como la energía del sol) da vida a la tierra, el calor de su plexo solar anima su cuerpo y su mente. El fuego es un elemento importante en múltiples tradiciones y culturas. En la tradición hindú, los matrimonios se realizan con el fuego como testigo cuando se intercambian los votos entre la pareja. En cualquier ceremonia de fuego, las ofrendas y oraciones son enviadas a los dioses a través del fuego en el altar principal. Por lo tanto, este elemento vital es visto como un mensajero y como una interfaz entre el mundo humano y los reinos superiores de la conciencia, la mayoría de los cuales no son accesibles para el humano promedio.

Su sistema digestivo (que convierte los alimentos consumidos en moléculas de energía utilizables) está controlado por el chakra del plexo solar. Como su nombre sugiere, este chakra está en la región del plexo solar, en el área del estómago, justo encima del ombligo. El amarillo es el color asociado con el chakra sacro.

**Importancia del equilibrio del chakra del plexo solar:** El chakra del plexo solar es responsable de los siguientes elementos en su vida:

- Potencia su fuerza de voluntad y su asertividad.
- Le ayuda a establecer límites saludables en su vida.
- Es un centro de energía esencial para ayudarle a conectarse con su propio poder interior.
- Ayuda en el buen funcionamiento del sistema digestivo y el metabolismo.
- No solo aumenta sus niveles de resistencia, sino que también le ayuda a saber cuándo ha sobrepasado sus límites para que pueda dejarlo a tiempo.

Los síntomas de un chakra del plexo solar bloqueado o desequilibrado incluyen:

- Falta de confianza en sí mismo.
- Baja autoestima.
- Fuerza de voluntad comprometida.
- La mentalidad de ser una víctima en todas las situaciones.

- Mala digestión que resulta en varios problemas relacionados con el metabolismo, incluyendo náuseas, diarrea, baja energía física y más.
- Incapacidad de asumir responsabilidades.
- Ser poco fiable.

Utilice el siguiente ejercicio para recuperar el poder de su chakra del plexo solar:

Cuando el fuego digestivo asentado en la región del plexo solar arde brillante y saludablemente, entonces su cuerpo puede absorber óptimamente los nutrientes de los alimentos consumidos y la energía vital del aire que respira. En tales circunstancias, tiene una inteligente y profunda conexión con el mundo que le rodea. En una situación de contraste, tanto su cuerpo como su mente se debilitarán, dando lugar a desequilibrios fisiológicos y psicológicos crónicos.

Ayunar con jugos y líquidos una vez a la semana es una gran manera de recuperar el equilibrio de su chakra del plexo solar. El ayuno con jugos le da a su sistema digestivo un muy necesario descanso de su implacable condición de trabajo. En consecuencia, su cuerpo y su mente pueden limpiarse a sí mismos y eliminar los bloqueos de energía en el chakra del plexo solar.

Otro resultado importante y útil del ayuno con jugos es que cuando su barriga no está demasiado llena, el mecanismo de defensa de su ego disminuye, lo que, a su vez, abre su corazón para aceptar y absorber la positividad a su alrededor. Desarrolla una personalidad sana con mayor confianza en sí mismo, resolución mental y fuerza de voluntad. Aquí hay una pequeña dieta de jugos que puede seguir para reequilibrar su chakra del plexo solar:

- Beba de 2 a 3 litros de jugos de frutas y verduras durante el día. Solo para darle una estimación aproximada, de 2 a 3 litros serían de 3,5 a 5,5 pintas.

• Haga sus jugos en casa y asegúrese de no usar más de tres tipos de frutas y verduras. Además, no combine frutas y verduras para hacer los jugos. Tome el jugo de verduras o de frutas por separado y no en el mismo vaso de jugo.

• La col, las zanahorias y las raíces de jengibre fresco son excelentes opciones, teniendo en cuenta sus beneficios especiales para la limpieza y el equilibrio de su Manipura. Trate de evitar las frutas carnosas como los plátanos, aguacates, piñas, etc.

• Durante el día del ayuno, no coma alimentos sólidos, bebidas gaseosas o cafeína. Evite el té y el café, aunque los tés de hierbas como el té de menta, el té de manzanilla, el té verde, etc., son grandes opciones. Asegúrese de beber mucha agua para eliminar todas las toxinas acumuladas en su cuerpo.

• Si tiene dolor de cabeza, beba un vaso de agua caliente con un poco de jugo de limón.

• El día de ayuno debe ser un momento tranquilo y meditativo. Pase el día meditando tan a menudo como pueda. Intente conectar con todos sus pensamientos. Practique el yoga e incluya también ejercicios de respiración sencillos. Elija un día sabiamente cuando sepa que puede darse el gusto de un día de ayuno sin que le molesten excesivamente los problemas personales o profesionales.

### Chakra del corazón

Conocido como *Anahata* en sánscrito, el chakra del corazón es el núcleo energético de su cuerpo sutil. La bija mantra del chakra del corazón es el *yam,* y dice, "Yo amo". Situado en la región del corazón, el color verde se asocia con el chakra del corazón. Este centro de energía es uno de los portales más poderosos en su cuerpo que conecta los reinos espiritual y físico. La función principal del chakra del corazón es transformar las energías sutiles de los tres chakras situados por encima de él en formas funcionales y prácticas que puedan ser visibles y manifestadas en el reino físico.

El chakra del corazón facilita el movimiento descendente de la energía y ayuda a transformar la conciencia en materia física tangible.

También, el chakra del corazón hace el proceso inverso, por lo que transforma las energías físicas y la materia de los tres chakras inferiores en ideas y pensamientos más sutiles. La combinación de estas dos funciones contrastantes del chakra del corazón lo convierte en uno de los centros energéticos más complejos de entender y equilibrar.

Su chakra del corazón potencia la expresión del amor y la compasión desinteresados y le impulsa a dar lo mejor de sí mismo para usted y para los demás. Un chakra del corazón saludable hace posible que acepte todo lo que sucede en su vida y todo lo que su vida ofrece. Cuando su chakra del corazón se despierta y se equilibra, siente que la vida le toca a cada momento.

El chakra del corazón es como el CPU para los otros chakras y controla muchos de los chakras menores en todo el cuerpo. He aquí una ilustración clásica del comportamiento y el resultado de una persona cuando su Anahata está perfectamente equilibrado y libre. Supongamos que el amigo de esta persona está de luto por la pérdida de un ser querido. Si esta persona con poder en el chakra del corazón simplemente coloca su mano sobre los hombros del doliente, siente un alivio inmediato, como si se hubiera levantado una enorme carga, y que todo estará bien.

Importancia de un chakra del corazón equilibrado: Cuando el flujo de energía en su chakra del corazón no tiene obstáculos y está bien equilibrado, entonces:

- Se encuentra emocionalmente equilibrado.
- Su capacidad para realizar trabajos y tareas centradas en el corazón mejora considerablemente.
- Aprende a perdonar a las personas que le han hecho daño.
- Aprende a dejar ir la negatividad.

Si hay un bloqueo en su Anahata, entonces podría experimentar:

- Excesiva timidez.
- Depresión, ansiedad y soledad.
- Dificultad para perdonar y dejar ir.
- Dificultad para sentir empatía por los demás.

Las personas con un chakra del corazón bloqueado suelen ser consideradas como de corazón duro. La soledad le atormentará si no despeja y equilibra su Anahata. Utilice estas recomendaciones y ejercicios con el fin de corregir los desequilibrios y bloqueos en su chakra del corazón.

El mudra de la mano de loto (o el gesto de la mano que se asemeja a un loto) es una herramienta muy útil para limpiar y equilibrar su chakra del corazón. Puede practicarlo en cualquier momento, especialmente cuando se siente emocionalmente enervado, incomprendido o explotado. También le ayuda a superar el dolor de la soledad y la desesperación.

El mudra del loto le ayuda a abrirse a aceptar la ayuda divina y universal y le prepara para recibir lo que necesita durante su tiempo difícil. La práctica regular de este gesto con la mano le ayudará a encontrar el amor incondicional y el afecto genuino.

El gesto de la mano que representa el florecimiento de una flor de loto representa su corazón abriéndose. Como el loto con una profunda resolución de subir y alejarse del fango en el que crece, su chakra del corazón será potenciado para romper los grilletes de las energías inferiores y moverse hacia arriba hacia el poder universal. En el hinduismo, la flor de loto representa nuestra belleza interior con el poder de emerger de la oscuridad y los problemas. Utilice estos pasos para formar el mudra del loto:

- Junte las palmas de las manos en el pecho. Mantenga los dedos apuntando hacia arriba y relajados.

- Mantenga la base y las puntas de los dedos de ambas manos tocándose. Doble los dedos ligeramente hacia afuera para que el gesto de la mano parezca un capullo de loto.

- A continuación, mantenga la base y los bordes de los pulgares y los pequeños dedos juntos. Abra los otros dedos, haciendo que el gesto parezca una flor floreciente. Este gesto de apertura representa la apertura de su corazón.

- Respire profundamente unas 4 o 5 veces repitiendo la afirmación, "Estoy listo para recibir lo que la vida me ofrezca".

- Cuando esté satisfecho con su afirmación, junte sus dedos de nuevo, y forme la forma de un capullo de loto.

- Repita este mudra tan a menudo como pueda o quiera.

### Chakra de la garganta

Conocido como *Vishuddha* en sánscrito, la energía en el chakra de la garganta es el asiento de la comunicación de su cuerpo sutil. Su bija mantra es el *ham*, y dice, "Yo expreso". El chakra de la garganta (en la garganta; su color es azul claro) es responsable de su capacidad para hablar y escuchar. Cuando este chakra está desequilibrado, o hay un bloqueo, hay un impedimento de comunicación entre su mente y su corazón.

Su mente no puede procesar las emociones que surgen de su corazón. Su capacidad para procesar las emociones correctamente y con sensibilidad se vería comprometida, resultando en comportamientos impulsivos e irracionales. Un chakra de la garganta abierto y equilibrado ayudará a que sus ideas y pensamientos se concreten de acuerdo con sus necesidades.

El chakra de la garganta es el asiento del lenguaje, y no de las emociones, que se encuentra en el chakra del corazón. Aunque puede expresar palabras positivas y bendecir articuladamente, el chakra de la garganta también puede escupir palabras venenosas y dolorosas, si no está equilibrado o si la energía está bloqueada. La cosa más grande y obvia que notará si su chakra de la garganta está bloqueado es su mayor dificultad para comunicarse efectivamente.

Así que, cuando la energía fluya libremente en el chakra de la garganta, sus palabras serán amables, compasivas, reflexivas y veraces. Su voz será vibrante y fuerte. Sus capacidades de escritura, lectura, habla y articulación estarán en sus mejores niveles. Además, podrá escuchar bien cuando otros estén hablando. Se sentirá tan cómodo con el silencio como con hablar y utilizar palabras.

Los síntomas físicos de un chakra de la garganta bloqueado incluyen una voz ronca o áspera, úlceras en la boca, dolor de garganta crónico, laringitis, enfermedades relacionadas con las encías y los dientes, problemas de tiroides, glándulas inflamadas, amigdalitis, e incluso cáncer en la región de la garganta.

Importancia del chakra de la garganta: El Vishuddha es el responsable de:

- Mejoramiento de la comunicación, la articulación y la creatividad.
- capacidades de oratoria y de hablar en público.
- Formas de arte como el canto y el baile.
- Hacer que su cara, voz y cuerpo sean más expresivos y articulados.
- Desarrollo de su voz interior.

Liberar las energías bloqueadas y los desequilibrios en el chakra de la garganta requiere mejorar y fortalecer las capacidades de comunicación física a través del canto, el baile, la oratoria, la narración de historias y más. Puede fortalecer el poder de su voz interior invirtiendo tiempo y energía en el diario. Incluso la pintura es una gran manera de construir energía en su chakra de la garganta. Aquí hay algunas autopreguntas a las que debería tratar de encontrar respuestas. Su búsqueda de respuestas a estas preguntas ayudará mucho a despejar los bloqueos en su chakra de la garganta.

- ¿Vivo auténticamente?
- ¿Qué aspectos de mi vida me resulta difícil enfrentar y aceptar la verdad?
- ¿Mis palabras, acciones y pensamientos están en sincronía entre sí?
- ¿Domino las conversaciones?
- ¿Encuentro difícil abrirme y hablar frente a los demás porque temo hacer una escena o avergonzarme a mí mismo?
- ¿Con qué frecuencia rompo mis promesas? Por favor, incluya incluso las pequeñas promesas como llegar a tiempo a las citas, reuniones, etc.
- ¿Las palabras que uso hieren o dan poder a las personas que me rodean?
- ¿Mis intenciones están ocultas o son fácilmente visibles para los demás?
- ¿Expreso mis ideas y pensamientos como la "única verdad"?
- ¿Cuáles son las conversaciones inconclusas de mi vida que me persiguen y me impiden abrirme y hablar con confianza?

### Chakra de la frente o del tercer ojo

Llamado como *Ajna* chakra en sánscrito, el centro de energía en su ceja o frente también se llama "tercer ojo". La bija mantra del chakra del tercer ojo es *Om* o *Aum*, y dice, "Yo soy el testigo". Localizado entre los ojos en el área de la frente, el color del chakra del tercer ojo es índigo. Este centro de energía es el centro de mando de su cuerpo sutil. Es la sede del juicio, la raíz del intelectualismo, la racionalidad, la sabiduría y la inteligencia emocional. El poder del Ajna Chakra le ayuda a desarrollar el pensamiento abstracto, los conceptos simbólicos y teóricos, y a construir capacidades de organización.

El chakra de la frente es también el asiento de su "sexto sentido", que se cree que maneja y controla los cinco sentidos básicos de los humanos. También regula los cinco chakras inferiores y los nadis (canales de energía) que conducen desde y hacia ellos. Seis importantes poderes espirituales están conectados con el Ajna chakra, incluyendo:

1. Control del pensamiento
2. Dirigiendo su atención y enfoque
3. Concentración perfecta
4. Meditación sin perturbaciones ni obstrucciones
5. Ilustración
6. El estado de Samadhi o el estado de superconciencia

Importancia del chakra del tercer ojo o de la frente: El chakra del tercer ojo y la energía que contiene son responsables de lo siguiente:

- Desarrollar sus poderes instintivos e intuitivos innatos.
- Cultivando la imaginación y la creatividad.
- Su capacidad de tener procesos de pensamiento y puntos de vista flexibles.
- Su poder para cruzar los planos mundanos de la conciencia y vagar en los planos superiores.
- A nivel físico, el chakra del tercer ojo gobierna nuestro cerebro.
- Su energía está conectada al funcionamiento de nuestras mentes, a un nivel más sutil.

Un chakra Ajna desequilibrado y bloqueado podría manifestarse físicamente en la forma de:

- Frecuentes dolores de cabeza.
- Mala vista.
- Problemas de aprendizaje.
- Pesadillas frecuentes y/o insomnio.
- Olvido.
- Convulsiones epilépticas.

- Alzheimer y otros trastornos cognitivos y mentales.
- Incluso hemorragias cerebrales, tumores o un derrame cerebral, en casos extremos.

Los síntomas mentales y emocionales de un chakra Ajna desequilibrado o bloqueado incluyen:

- Saca conclusiones precipitadas y puede estar indeciso sobre varios asuntos de su vida.
- Podría estar en un constante estado de confusión mental.
- Un sentido equivocado de autojustificación.
- Una perspectiva vana, especialmente sobre sus capacidades intelectuales.
- Podría vivir en un mundo ilusorio, tener alucinaciones y estar totalmente desconectado de la realidad.

Utilice la técnica y el proceso de meditación Bhuchari para equilibrar su chakra del tercer ojo. Esta meditación requiere que observe el espacio vacío. Siga estos pasos.

- Siéntase cómodamente en su postura de meditación preferida, de cara a una pared blanca. Como de costumbre, asegúrese de que su columna vertebral y sus hombros estén erguidos, pero en general que su cuerpo esté relajado.
- Lleve su mano derecha hacia su cara. Toque la punta de su pulgar con el labio superior. Doble los dedos anular, medio y anterior hacia abajo y apunte suavemente su dedo meñique hacia afuera. Este gesto sería similar al gesto del "beber agua" que utilizaría si no pudiera hablar.
- Ahora, mire fijamente la punta de su dedo meñique con una mirada fija. Intente no parpadear mientras mira. Evite tratar de forzar una mirada fija y sin parpadear porque entonces podría ponerse tenso. Solo mire fija y suavemente a la punta de su dedo meñique.

• Después de un rato, las lágrimas pueden empezar a rodar por sus ojos. Esto es bueno para limpiar sus ojos, senos nasales y conductos lagrimales. Practique este ejercicio durante 5 minutos todos los días. Luego, deje de utilizar sus manos, y trate de mirar el lugar donde estaba su dedo. Comience este ejercicio de mirar al vacío durante 5 minutos cada día, y lentamente llévelo a unos 15 minutos.

• Este ejercicio no solo es bueno para sus ojos y senos nasales, sino también un poderoso limpiador de energía para su Ajna chakra. Promueve una intensa capacidad de concentración y enfoque.

## Chakra de la corona

El chakra de la corona o el Sahasrara en sánscrito, es la puerta de entrada al lugar de la conciencia infinita. En la parte superior de la cabeza, el color púrpura se asocia con el chakra de la corona. Hay muchos mantras bija para la corona, incluyendo Om, Soham y Aah. Dice, "Yo soy el que soy".

Este chakra es el portal en su cuerpo sutil a través del cual puede conectarse y experimentar lo que los yoguis y sabios de la India llaman "Satchidananda" o la dicha eterna del Conocimiento Absoluto. Romper el chakra de la corona le lleva más allá del reino de su conciencia individual (o Chitta, en sánscrito).

Por lo tanto, el Sahasrara le permite trascender la vida mundana de la dualidad, que se refiere a la idea de que todo lo que vemos y experimentamos está separado de nosotros y de los demás. Cuando el chakra de la corona está totalmente energizado, se llega a experimentar la interconexión con todas las cosas en lo universal.

El Sahasrara está en la parte superior del Sushumna Nadi (o el canal central a través del cual la energía fluye en su cuerpo). Los otros dos nadis primarios, a saber, Pingala e Ida (ambos limitados a la conciencia ordinaria), no pueden alcanzar la cima del Sushumna Nadi.

**Importancia del chakra de la corona:** Potenciar y energizar su chakra de la corona construye su conocimiento intuitivo, y mejora su sentido de asombro al ver y experimentar todo dentro y alrededor de usted a la luz de la conexión universal. También le ayudará a formar fuertes conexiones espirituales, y tendrá una comprensión más profunda de lo universal, del mundo y de sí mismo que antes. Tendrá el poder de descubrir y experimentar misterios "divinos" que van más allá del mundo humano. Romper el Sahasrara le da un sentido de ser completo en todos los aspectos.

Las personas que trabajan con éxito con la energía de su chakra de la corona son a menudo vistas como trabajadores milagrosos y es fácil entender por qué. Estas personas se guían divinamente por lo que ven cuando cruzan el umbral de la inteligencia humana, un lugar que los mortales ordinarios no pueden alcanzar regularmente. Por lo tanto, el chakra de la corona es el asiento de:

- Comprensión más profunda
- Conocimiento y poder intuitivo
- Poderosas conexiones espirituales
- La experiencia y el descubrimiento de los misterios divinos
- Aumento de la sensación de asombro
- La experiencia de la plenitud
- La conexión con el poder divino universal

Los desequilibrios y bloqueos en su chakra de la corona es probable que se manifiesten de estas maneras:

- Notará que su corazón, cuerpo y mente están trabajando en cada uno de sus propios caminos, y no están alineados entre sí.
- Encontrará que es excesivamente egocéntrico, ya que no puede ver o experimentar la interconexión de la vida y el universo.
- Su aura energética se limitará al chakra inferior, resultando en una vida de puro materialismo y búsqueda sensual.

- Le falta la conexión espiritual y la conciencia.

Limita sus conocimientos y creencias a lo que sus cinco sentidos pueden experimentar y sentir. Su capacidad para sentir la existencia de un poder espiritual más allá del humano es insignificante. Además, encontrará difícil conectarse con cualquier cosa o persona en su vida. Altos niveles de escepticismo, excesiva necesidad de placeres sensuales, y demasiado apegado a las necesidades materialistas son claros signos de un Sahasrara desequilibrado y bloqueado. Los trabajadores milagrosos y los empáticos generalmente ven rasgos fangosos y oscuros en su aura si tiene un problema con su chakra de la corona.

Los síntomas físicos de un chakra de la corona desequilibrado podrían incluir fallos multisistémicos y también parálisis. Se cree que numerosos desórdenes genéticos están conectados kármicamente con el flujo de energía comprometido en el chakra de la corona. La meditación sobre la luz divina es una gran herramienta para abrir, despejar y equilibrar el chakra de la corona y su campo energético. Use estos pasos para meditar en la luz divina.

- Siéntese en una postura cómoda de meditación, preferiblemente con las piernas cruzadas en el suelo. Su espalda debe estar erguida, y su cuerpo debe estar relajado, pero alerta.

- Las manos deben estar en el regazo con la mano izquierda sobre la derecha y las palmas hacia arriba. Este es el mudra de la recepción de la energía del universo.

- Cierre los ojos y respire lenta y relajadamente. Centre sus pensamientos en el chakra de la corona en la parte superior de su cabeza.

- Visualice un rayo de luz blanca brillante entrando en usted a través del chakra de la corona. Sienta esta luz en espiral y descendiendo a su cuerpo.

• Sienta y experimente la visualización del cálido resplandor de esta luz mientras le envuelve suavemente. Imagine que cada célula de su cuerpo está siendo permeada por esta luz. Imagine que su mente está llena de esta luz y conciencia divina.

Puede repetir cualquiera o todas estas afirmaciones:

➢ Siento el poder y la protección de la luz divina universal.

➢ Este poder divino me protege y alimenta.

➢ Siempre camino en esta luz divina.

➢ Me siento con poder y más fuerte en esta luz divina.

En este estado, los pensamientos intuitivos e inspiraciones pueden entrar en su cuerpo y mente. Dele esto a estos poderosos elementos a medida que los sienta entrar en su conciencia. Podría pensar en otra persona bañada en esta luz divina en vez de en usted mismo. Puede repetir las afirmaciones mencionadas anteriormente reemplazando el nombre de la persona en lugar de "yo". Cuando se sienta satisfecho con la meditación, ofrezca su agradecimiento y abra los ojos suavemente.

Siéntese en esta posición por unos 5 a 10 minutos cada día, permitiéndose ser bañado y limpiado por la luz divina. Recuerde, esta luz divina es una manifestación de su yo superior. Representa la paz que está más allá del reino y la conciencia humana.

## Trabajando con todos sus chakras juntos

Esta sección está dedicada a darle una sesión de meditación con la que puede energizar y equilibrar todos sus chakras desde la raíz hasta la corona, uno a uno. Tome este ejercicio despacio y con confianza después de que haya aprendido a manejar cada uno de sus siete chakras por separado. Lento, pero constante, es el elemento clave del éxito en la energización y limpieza de sus chakras. Típicamente, este ejercicio completo puede tomar hasta 10 minutos.

**Chakra raíz:** Siéntese con las piernas cruzadas en el suelo. Deje que las puntas de sus dedos índice y pulgar (de ambas manos) se toquen suavemente. Ponga las manos suavemente contra las rodillas en la posición sentada. Concéntrese en la ubicación del chakra de la raíz, imaginando un gran punto rojo allí. Cante la bija mantra LAM en silencio pensando en el chakra y su poder para ayudarle a sobrevivir y mantenerle estable y fuerte.

Contraiga y mantenga su perineo tanto tiempo como pueda. Mientras lo hace, piense en un capullo de flor roja y visualice un aura de energía roja que emana de él. Visualice que mientras la energía emana, el capullo se abre y se convierte en una flor en flor con todos sus pétalos llenos de energía. Cuando se sienta satisfecho, pase al ejercicio del chakra sacro.

Una buena forma de comprobar si está satisfecho y listo para pasar al siguiente chakra es buscar la sensación de estar "limpio" en cada centro de energía en el que esté listo para pasar al siguiente.

**Chakra sacro:** Siéntese de rodillas, en lugar de tener las piernas cruzadas para esto. Su espalda debe estar recta, pero relajada. Ponga sus manos en su regazo, la mano izquierda debajo de la derecha, las palmas hacia arriba, y las puntas de los pulgares tocándose suavemente. Concéntrese en la ubicación de su chakra sacro (imaginando una bola de fuego anaranjada en el lugar) y en silencio, pero claramente, cante la bija mantra, YAM.

Mientras canta, recuerde el valor y la importancia de este chakra y cómo puede afectar su vida positivamente. Repita esto durante todo el tiempo que pueda. Al final de un enfoque satisfactorio del chakra sacro, una vez que sienta que está "limpio", pase al siguiente chakra, el plexo solar.

**Chakra del plexo solar:** Para esto también, siéntese de rodillas y mantenga la espalda recta y relajada. Ponga sus manos frente a su ombligo. Junte los dedos en la forma de una postura de oración y apunte las puntas de los dedos lejos de usted. Asegúrese de que los dedos estén rectos y los pulgares cruzados. Imagine una bola de color amarillo en la ubicación de su chakra del plexo solar y concéntrese en el valor de este centro de energía en su vida, incluso mientras canta silenciosa, pero claramente la bija mantra, RAM. Cuando esté listo, pase al siguiente, es decir, el chakra del corazón.

**Chakra del corazón:** Siéntese con las piernas cruzadas y coloque su mano izquierda en la rodilla izquierda y la derecha delante del corazón. Las puntas de los dedos pulgar e índice de ambas manos deben tocarse suavemente. Concéntrese en el chakra del corazón, imaginando una bola de luz verde en el lugar. Cante la bija mantra del corazón, YAM, en silencio, pero con claridad.

Permita que los pensamientos sobre el chakra del corazón llenen su mente. Piense en su importancia para su vida y en cómo puede afectarle a usted y a los que le rodean. Siéntese así hasta que se sienta satisfecho y tenga esa sensación de estar "limpio". Típicamente, la sensación de estar limpio se intensifica a medida que se mueve hacia arriba de chakra a chakra.

**Chakra de la garganta:** Para el chakra de la garganta, siéntese sobre sus rodillas y entrelace los dedos de ambas manos en dirección hacia adentro para que las puntas de los dedos apunten hacia usted. Los dos pulgares deben tocarse en la punta y deben apuntar hacia arriba. Imagine una bola de luz azul claro o un fuego suave en su garganta y cante la bija mantra, HAM.

Piense en el chakra de la garganta, sus funciones y su impacto en su vida. Después de unos cinco minutos, sentirá que la sensación de "limpieza" se intensifica. Ahora puede pasar al chakra del tercer ojo.

**Tercer ojo o chakra de la frente:** Siéntese con las piernas cruzadas cómodamente. Junte las manos y dóblelas todas excepto el dedo medio. Las puntas de los dedos medios deben tocarse entre sí y apuntar hacia afuera, y el resto de los cuatro dedos deben tocarse en la punta de la curva y apuntar hacia adentro. Coloque las manos en esta posición cerca de la parte inferior de la zona del pecho.

Concéntrese en el chakra del tercer ojo imaginando una bola de luz índigo en el lugar. Piense en todas las fortalezas de este centro de energía y el impacto positivo que puede tener en su vida, incluso mientras canta la bija mantra, AUM. Cuando se sienta satisfecho, puede pasar al chakra de la corona.

**Chakra de la corona:** Siéntese con las piernas cruzadas y coloque su mano sobre su estómago. Las puntas de los dedos meñiques deben tocarse suavemente y deben apuntar en dirección contraria a la suya y hacia arriba. Cruce los otros cuatro dedos, asegurándose de que el pulgar derecho descansa sobre el pulgar izquierdo.

En esta posición, cante la bija mantra del chakra de la corona, SOHAM, o AUM o NG, pensando en una bola de luz púrpura sobre su cabeza. Recuerde la importancia y el valor del chakra de la corona en su vida y cómo puede ayudarle a llevar una vida más significativa e interconectada con los demás. Cuando sienta que la sensación de "limpieza" se intensifica, puede abrir los ojos. Sentirá su cuerpo y su mente completamente relajados en esta etapa.

Abrir los chakras completamente es un proceso largo, pero muy gratificante. Cuando los centros de energía en su cuerpo están totalmente equilibrados, y la energía fluye a través de sus nadis libremente, sin bloqueos y puede sentir la positividad en su vida. Su capacidad para manejar los resultados del despertar de la Kundalini se multiplica.

# Capítulo 5: Habilidades psíquicas y el tercer ojo

Un chakra en particular, el del tercer ojo, requiere un poco más de atención que el resto porque está conectado con el "sexto sentido" y los poderes psíquicos. Por lo tanto, un capítulo separado dedicado al Ajna chakra tiene sentido aquí para mejorar su capacidad de manejar el despertar de la Kundalini cuando ocurre.

Para reiterar, el chakra del tercer ojo está localizado en el centro de la frente, justo entre los ojos. El color asociado con este centro de energía es índigo o azul real. Es la sede de nuestros poderes psíquicos. Regula y controla nuestros poderes psíquicos para que podamos recibir y transferir información a los reinos más allá de los planos de la conciencia humana. Es el asiento de nuestra intuición interna, y cuando se desarrolla completamente, puede leer el pasado, el presente y el futuro con precisión. Una persona con un Ajna chakra bien desarrollado puede interactuar y obtener orientación del reino espiritual y de los seres queridos que han cruzado.

El Ajna chakra es también una herramienta de manifestación efectiva y poderosa. Podemos usarlo para visualizar nuestros sueños y esperanzas y aprovechar el poder universal para manifestarlos en nuestra vida. Cuando visualizamos nuestros sueños, es más que solo nuestra imaginación trabajando. Ve nuestros deseos a través de nuestro ojo interno.

Curiosamente, el Ajna chakra está estrechamente conectado con el chakra del plexo solar o nuestro "sentimiento visceral". Cuando estos dos centros de energía están alineados entre sí y trabajan sincrónicamente, nuestra vida puede resultar significativa y satisfactoria. La energía sincronizada de los dos centros puede ayudarnos a entender y aprovechar nuestros poderes intuitivos para que podamos superar nuestros retos y dificultades fácilmente.

Con un chakra del tercer ojo abierto y equilibrado, hemos mejorado la claridad y el enfoque junto con una poderosa intuición. Aquí hay consejos básicos para activar, fortalecer y equilibrar el chakra del tercer ojo y la energía que contiene:

- Practicar la visualización y la meditación con regularidad, tanto con respiración guiada como simple.
- Tratar de incluir el azul real y el índigo en su vida, ya sea en la ropa que compra, los colores que pinta, las joyas que elige o cualquier otra cosa.
- Sostener o usar piedras preciosas como el lapislázuli, la tanzanita, la amatista, el apatito y la labradorita ayudan a mejorar su experiencia de meditación.
- Trabaje con cartas de tarot y otras formas y conductos de oráculos.
- Masajee el área de su tercer ojo con nuestros aceites esenciales como la mirra, el sándalo, etc.
- No se olvide de dar las gracias diariamente a su tercer ojo y su poder para ayudarle a llevar una vida feliz y plena.

## Apertura del chakra del tercer ojo

Mantener el tercer ojo abierto y el flujo de energía tan libre como sea posible es esencial no solo para aprovechar sus poderes espirituales, sino también para regresar de forma segura y sana desde esos reinos más allá de la conciencia humana, un resultado común del despertar de la Kundalini. Estas estrategias han sabido hacer maravillas mágicas para abrir el tercer ojo y mantener su energía equilibrada y desbloqueada.

Cultive el silencio: Aprenda a fomentar el silencio de su mente. Para un humano promedio, la mente es una cacofonía de pensamientos e ideas que amenazan con tomar nuestro mundo por asalto. No solo esto, sino que estos pensamientos también crean mucho ruido en nuestras mentes. Nuestra capacidad para oír e interpretar los mensajes que nos llegan de los reinos más altos y sutiles se pierden en el ruido.

El chakra del tercer ojo puede ir a ese espacio "intermedio" para recoger y obtener orientación y mensajes de los espíritus del otro mundo. En presencia del ruido, no puede oír los mensajes. Por lo tanto, es imperativo que cultive el silencio de la mente y aprenda a manejar los pensamientos abrumadores.

Puede utilizar una variedad de formas de calmar y silenciar su mente, incluyendo la meditación, darse el gusto en su pasatiempo o arte favorito, o simplemente sentarse tranquilamente en medio de la naturaleza sin hacer nada más que observar la belleza circundante.

Afine sus poderes intuitivos: Todos estamos dotados de poderes intuitivos. El problema es que estos poderes necesitan ser continuamente perfeccionados y afilados para que puedan ser usados efectivamente. No usarlos regularmente embota nuestra intuición, y nos desconectamos de nuestra voz interior que recibe y transmite mensajes del mundo exterior. Cuanto más aguda es su intuición, más poderoso se vuelve su chakra del tercer ojo. Aquí hay formas sencillas de conectar y perfeccionar su intuición:

Primero, reconozca cómo y cuándo su intuición le habla. Normalmente, la intuición no es tan fuerte y clara como una voz humana. En su lugar, envía mensajes sutiles a través de movimientos lentos o destellos de imágenes. A menudo, hablará con su intuición, preguntándose cómo obtener claridad sobre el mensaje recibido.

A veces, los mensajes le ponen la piel de gallina, una sensación incómoda en el estómago, un sabor agrio en la boca o una sensación de alivio inexplicable. A menudo, los mensajes pueden venir como una emoción. Por ejemplo, intuitivamente le gusta o detesta a alguien que acaba de conocer. Esta podría ser su intuición, enviándole un mensaje sobre esta persona.

Solo esté alerta a las formas sutiles de mensajes que su cuerpo y su mente le envían. Para hacer eso, debe conectarse y hablar con su voz interior. Con la práctica, se dará cuenta de que puede captar fácilmente los indicios más sutiles que su intuición está tratando de darle.

Intente conectar con su intuición diariamente: Reserve un tiempo dedicado a conectar con su intuición diariamente. Dedique tiempo y esfuerzo a sus poderes intuitivos y vea lo que están tratando de decirle. Esto es especialmente importante cuando tiene que tomar una decisión crítica. Sin embargo, para asegurarse de que puede entender el lenguaje de su intuición, es imperativo que hable con ella todos los días.

Tome también pequeñas decisiones, después de consultar con su intuición. Podría ser algo tan aparentemente mundano como qué vestimenta usar cada mañana. Párese frente a su armario por un rato y pregunte a su intuición qué vestimenta le quedaría mejor hoy. Luego, calme su mente, y busque las señales que le pueda estar enviando. De esta manera, trate de conectarse con su intuición diariamente.

Anote lo que sintió o experimentó cuando trató de conectarse con su intuición. No lo guarde en su memoria, al menos en las etapas iniciales de su experiencia de aprendizaje. Escriba lo que sintió, sus pensamientos y todo lo demás cuando se sentó cada día y conéctese con su intuición. Cuanto más practique, mejor serán sus habilidades.

Medite tan a menudo como pueda; cuanto más profunda sea su conexión con su intuición, más fácil será leer e interpretar sus mensajes. La meditación es una excelente herramienta para profundizar la conexión con sus poderes intuitivos. La meditación le enseña a aclarar su mente y a reconocer los sutiles impulsos y señales que su intuición está tratando de darle.

Y finalmente, aprenda a confiar en sí mismo y en sus poderes intuitivos. Cuanta más fe tenga en sus poderes, mejores resultados obtendrá. Confíe en sí mismo porque nadie le quiere más que usted. Nadie quiere verlo feliz y exitoso más que usted.

Desarrolle sus habilidades creativas: Cada uno de nosotros nace con creatividad. Depende de nosotros nutrirla y desarrollarla para alcanzar nuestro máximo potencial. La creatividad es una herramienta útil para eliminar los miedos racionales y las muletas que le mantienen abajo cuando usted es, en realidad, poderoso para elevarse en las nubes.

Cuando su mente racional es relegada a un segundo plano, entonces el parloteo mental también se reduce, ayudando a lograr la calma necesaria para comunicarse con sus poderes intuitivos. Además, cuando puede calmar esa parte de su mente que quiere hacerse cargo de su vida, entonces está efectivamente abriendo numerosas oportunidades para sí mismo. El chakra del tercer ojo ha aumentado el espacio para desarrollarse, crecer y florecer.

¿Cómo puede alimentar su creatividad? Aquí encontrará consejos para ayudar a que su creatividad crezca y florezca:

- Invierta su tiempo y energía en pasatiempos y actividades que le den energía y le hagan feliz. Aprenda un nuevo oficio o arte. No es importante ser perfecto en lo que hace. El truco es dejar que su inspiración fluya a través de su mente hasta sus manos. Esté preparado para sorprenderse cuando permita que su creatividad fluya sin obstáculos.

- Experimente con la creatividad. No es necesario tener un plan perfecto. Solo haga cualquier cosa que requiera que su creatividad fluya. Por ejemplo, cómprese un libro de colorear para adultos y experimente con los colores. O haga una paleta de acuarelas y simplemente salpíquelas en un papel y observe los resultados. O ponga música y baile como si nadie le estuviera mirando.

- Obtenga suficiente alimento para su cuerpo a través de alimentos nutritivos, sueño reparador y una buena cantidad de actividad física.

- Invierta en sí mismo. Haga algo una vez a la semana que sea solo para usted. Puede ser algo tan simple como una visita a la galería de arte local o tomar una taza de té matutino por su cuenta, o una tarde acurrucado en la cama con su libro favorito, o cualquier otra cosa. Este tiempo a solas le dará una profunda sensación de calma y también le permitirá conectar consigo mismo y con sus poderes intuitivos.

- Pase un tiempo con la naturaleza. Dé un paseo por el parque. O haga una caminata a un lugar cercano a su casa. Busque y encuentre una oportunidad para pasar tiempo con la naturaleza.

**Conéctese a tierra para volar sin miedo**: es una verdad irónica que, para volar sin miedo, debemos plantar nuestros pies firmemente en el suelo. De la misma manera, para abrir nuestro tercer ojo, nuestro chakra de la raíz debe ser fuerte y robusto, dándole la necesaria sensación de estabilidad y fuerza con el apoyo de la cual puede elevarse sin miedo. Su chakra raíz forma la base firme sobre la que puede construir su vida que le lleva en vuelos maravillosos fuera del reino humano. El chakra de la raíz es lo que lo trae de vuelta a casa.

Además, la información que llega a nuestro cuerpo y mente cuando se abre nuestro tercer ojo puede ser desconocida, inusual y difícil de digerir para las mentes comunes. Por lo tanto, primero debe energizar y potenciar su cuerpo y mente tangibles, y solo cuando esté listo puede abordar el poder del universo sutil.

# Capítulo 6: Kundalini Yoga - Asanas y Pranayama

Ahora que conoce la importancia y ha practicado las habilidades de la meditación y de energizar y equilibrar sus chakras, puede iniciarse en el verdadero Kundalini Yoga diseñado para despertar la dormida, pero altamente potente Kundalini. Comencemos por entender el Kundalini Yoga con un poco más de detalle.

## ¿Qué es el Kundalini Yoga?

En las primeras etapas de la comprensión de la energía en el universo, el Kundalini fue visto como una ciencia y estudio de la filosofía y la energía espiritual. En la antigüedad, especialmente en la India, los reyes y sus familias reales tenían el mandato de sentarse con los maestros de Kundalini para aprender, comprender y dominar las enseñanzas de Kundalini y el camino de sus visiones espirituales.

A Yogi Bhajan se le atribuye el haber traído esta forma de yoga altamente inteligente, pero compasiva, a occidente. Combinó el poder de la sabiduría antigua con la práctica moderna y se aseguró de que el Kundalini Yoga fuera accesible a todos los que estuvieran interesados en potenciarse con su poder. La práctica regular de Kundalini Yoga le ayudará en estas formas:

- Le ayuda a conseguir amor ilimitado, ligereza de vida y alegría.
- Aprende de la geometría de su cuerpo.
- Comprenderá, y por lo tanto será capaz de alterar adecuada y eficientemente, la forma en que sus emociones, energía y movimientos trabajan en su cuerpo y mente.
- Le ayuda a despejar los bloqueos de energía en su cuerpo y asegura que el flujo de energía vital sea libre y completo.
- Le ayuda a crear una conexión mente-cuerpo con todo su potencial.
- El Kundalini Yoga le ayudará a tirar de la serpiente enrollada desde su posición de sueño y transferir la energía a través de la columna vertebral hasta la parte superior de su cabeza. La energía también se irradia hacia afuera para que pueda fluir y equilibrar sus chakras en todo el cuerpo.

## Elementos de Kundalini Yoga

El Kundalini Yoga combina la respiración, mudras, mantras y kriyas para despertar la Kundalini.

**Importancia de la respiración en el Kundalini Yoga:** La forma más común de ejercicio de respiración usada en el Kundalini Yoga es la respiración larga y profunda. Sin embargo, hay muchas otras posturas de yoga y técnicas de respiración utilizadas también. Críticamente, debe saber que cada kriya de yoga y técnica de respiración en el Kundalini Yoga tiene un proceso específico dirigido a liberar o equilibrar una energía específica.

Por ejemplo, en el ejercicio de Respiración Larga y Profunda, necesitará colocar sus manos específicamente en su corazón y estómago. Otro ejemplo, la Respiración de Fuego, es una técnica de respiración común y popular en el Kundalini Yoga. Se practica a través de un proceso de respiración rápida que consiste en partes iguales de inhalación y exhalación a través de las fosas nasales y "bombeando" el aire del estómago. Esta técnica ayuda a crear un mayor nivel de flujo de oxígeno en el torrente sanguíneo y también carga el campo electromagnético a su alrededor.

**Importancia de los mantras en Kundalini Yoga:** Los mantras no son meras palabras unidas para la belleza auditiva. Sí, suenan musicalmente hermosos. Sin embargo, los mantras van más allá de eso. Tienen el poder de crear reacciones químicas en su cerebro para afectar positivamente sus estados de ánimo y experiencias en la vida.

Por ejemplo, nuestros estados de ánimo, como la felicidad, la alegría, la tristeza, etc. resultan de vibraciones de frecuencias variables. Al cantar un mantra específico, está creando efectivamente una situación química en el cerebro que resulta en una frecuencia particular, que, a su vez, resulta en afectar su estado de ánimo de acuerdo con su deseo.

Cantar mantras hace que su cuerpo vibre en frecuencias particulares (dependiendo del mantra). En consecuencia, su estado de ánimo se eleva a vibraciones más altas que resultan en la creación de un estado mental feliz y abundante. Para ilustrarlo, HAR (suena como "hud") es un mantra que trae prosperidad y éxito.

Los mantras no necesitan ser cantados solo en posición sentada. Puede cantarlos cuando esté acostado o conduciendo o esperando en la fila para algo o en cualquier otro lugar que resulte conveniente. Sin embargo, cuando se sienta y canta el mantra, también aprovecha el poder de la meditación.

**Importancia de las kriyas en el Kundalini Yoga:** La respiración, el sonido y la postura juntos forman la kriya. Kriya en sánscrito se traduce como "acción". En el Kundalini Yoga, kriya es un conjunto de ejercicios que consisten en acciones específicas, mecanismos de respiración y posturas que están diseñadas para una manifestación específica en su vida. El efecto de kriya se siente en todos los niveles del cuerpo, la mente y el espíritu resultando en una vida abundante y satisfactoria. Por ejemplo, hay una kriya para equilibrar su aura que es muy eficaz para proteger su campo de energía, elevar sus niveles de energía y aumentar su resistencia.

**Importancia de los mudras en el Kundalini Yoga:** Los mudras, como ya lo sabe, son posiciones y gestos de las manos que incluyen el cierre de los dedos, tocar las puntas de los dedos, etc., para que pueda dirigir la energía enfocada en la parte requerida de su cuerpo. En los mudras, la colocación de dedo a dedo es un mecanismo común, y al presionarlo se activará y liberará la energía.

Por ejemplo, el "Gran Mudra" es uno de los más comunes usados en Kundalini Yoga. Este mudra reúne las puntas de los dedos pulgar e índice para estimular el conocimiento. "Gran" en sánscrito se traduce a conocimiento.

Importancia de las meditaciones en el Kundalini Yoga: En el Kundalini Yoga, las sesiones de meditación ayudan a liberar la energía y a sanar los campos de energía dañados. Durante y después de una sesión de meditación, se tiende a sentirse más elevado, más consciente, más estimulado y más despierto que antes. Las sesiones de meditación tienen una duración variable, dependiendo de los resultados deseados.

Por ejemplo, una meditación de tres minutos afectará positivamente al sistema de circulación de la sangre en su cuerpo y al campo electromagnético a su alrededor. Una sesión de 11 minutos puede afectar a sus sistemas glandular y nervioso, mientras que una sesión de 31 minutos puede afectar a cada célula y tejido de su cuerpo y le dejará sintiéndose ligero y rejuvenecido, listo para enfrentarse al mundo.

## Asanas comunes en Kundalini Yoga

Esta sección está dedicada a darle algunas asanas de Kundalini Yoga comunes y fáciles de hacer. Así que, comencemos.

**Sukhasana:** En sánscrito, Sukhasana significa "postura fácil". Esta es una pose muy simple que puede utilizar para toda su meditación de respiración. Cruce las piernas por los tobillos o coloque ambos pies en el suelo. Presione la parte inferior de la columna hacia adelante para que su espalda esté erguida, pero relajada.

**Siddhasana:** Traducido a "Pose perfecta", Siddhasana se considera la asana más cómoda y también se cree que promueve los poderes psíquicos. Para hacer esta asana, siéntese con las piernas cruzadas de la siguiente manera:

- Deje que su talón derecho presione contra su perineo derecho (el hueso anal)
- Deje que su planta derecha presione contra su muslo izquierdo.
- Coloque el talón izquierdo sobre el derecho y presione esa parte de su cuerpo justo encima de los genitales.
- Los dedos de ambos pies deben ser metidos en el surco formado entre los muslos y las pantorrillas.
- Las rodillas deben estar en el suelo.

**Padmasana:** Comúnmente llamada "Pose de loto" ("Padma" en sánscrito se traduce como "loto"), esta asana es una de las poses más populares y poderosas para las meditaciones. De nuevo, debe sentarse con las piernas cruzadas usando estos consejos:

- Levante su pie izquierdo y colóquelo en la parte superior del muslo derecho.
- Luego levante su pie derecho y colóquelo en la parte superior del muslo izquierdo.
- Intente mantener los pies lo más cerca posible del cuerpo.

- Cuando usted ve las imágenes de esta asana, puede parecer simple, sin embargo, se necesita mucha práctica para hacerlo bien. Se cree que tiene el poder de mejorar la meditación profunda y era comúnmente practicada por los antiguos yoguis hindúes. Recuerde mantener la pierna derecha siempre encima.

**Vajrasana:** Llamada la "postura de la roca", utilice los siguientes pasos para la postura de Vajrasana:

- Arrodíllese.

- Luego siéntese sobre sus talones permitiendo que la parte superior de sus pies toque el suelo.

- Los talones deben presionar los nervios en el medio de las nalgas.

Hay una razón interesante de por qué esto se llama la "postura de la roca". Los antiguos yoguis creían que esta asana permite al practicante incluso digerir las rocas.

**Pose de camello:** Excelente para abrir el chakra del corazón, la pose de camello estimula el sistema nervioso porque crea la máxima compresión de su columna vertebral. También mejora la flexibilidad del cuello y la columna vertebral. Estira los músculos abdominales, el centro de energía de la garganta y los músculos de la garganta, y también ajusta los órganos reproductivos. Estos son los pasos para hacer la postura del camello:

- Arrodíllese en el suelo con los muslos y las rodillas perpendiculares al suelo.

- Arquee la espalda y sujétese los tobillos.

- Deje que su cabeza caiga completamente hacia atrás.

- Empuje sus caderas hacia adelante.

- Haga una respiración larga y profunda.

**Pose de langosta:** Acuéstese boca abajo. Sus pies deben estar juntos, y su barbilla debe tocar el suelo. Ponga sus puños bajo la articulación del muslo y la cadera. Lentamente, levante las piernas y los muslos. Asegúrese de que sus piernas estén juntas. Respire larga y profundamente.

**Postura del niño:** Siéntese sobre sus talones. Lentamente lleve la frente hacia adelante para que toque el suelo. Los brazos deben estar relajados a los lados de su cuerpo con las palmas hacia arriba.

**Pose célibe:** También llamada "Pose del héroe", la Pose célibe está diseñada para canalizar la energía sexual por la columna vertebral. Para esta postura, mantenga los pies separados al ancho de las caderas. Arrodíllese y siéntese entre los pies.

### Técnicas comunes de pranayama en Kundalini Yoga

El Kundalini Yoga emplea una amplia gama de técnicas de pranayama para aprovechar el poder de la respiración para alcanzar y manejar con eficacia varios estados de conciencia más elevados, lo que conduce al bienestar general. Aquí están algunas de las técnicas más comunes y populares de pranayama utilizadas en el Kundalini Yoga.

Respiración larga y profunda: Este ejercicio de pranayama es una excelente herramienta para equilibrar sus emociones, calmar su mente y llevar su cuerpo, mente y espíritu a una alineación armoniosa. Es una de las más importantes y comúnmente practicadas técnicas de pranayama en Kundalini Yoga. Los beneficios y la importancia de la respiración profunda y prolongada son:

- Al impactar en su sistema nervioso parasimpático, esta técnica de respiración lo relaja y calma.
- Previene y reduce la acumulación de toxinas en su cuerpo, ya que ayuda a limpiar incluso los pequeños sacos de aire (o alvéolos) en sus pulmones. Esta técnica de respiración también llena los pulmones a su máxima capacidad, incluso mientras reajusta su campo magnético a su favor.
- Aumenta la fuerza y el flujo del prana Vayu.
- Estimula la producción de endorfinas, una hormona conocida por ayudar a combatir la depresión.

• Aumenta el bombeo del fluido espinal al cerebro, lo que resulta en una mayor energía para el cerebro.

• Aumenta el estado de alerta del cerebro.

• Mejora la función de la glándula pituitaria, un elemento importante para afectar positivamente sus poderes intuitivos.

• Aumenta su capacidad de lidiar con el estrés, mejorando así la curación física y emocional.

• Le da poder para manejar la negatividad, incluyendo las emociones negativas.

Estos son los pasos necesarios para que los principiantes realicen la técnica de Respiración Larga y Profunda.

Los procesos de inhalación y exhalación se dividen en tres partes de la respiración. Cuando inspira:

1. Llene su abdomen con aire primero
2. Entonces expanda su pecho
3. Y, por último, levante la clavícula y las costillas superiores.

Cuando inspire, use la dirección inversa.

1. Primero, contraiga la clavícula y la zona de las costillas superiores
2. Luego el área de su pecho
3. Y finalmente, su abdomen para que todo el aire sea expulsado de su cuerpo.

En la etapa final de la exhalación, cuando vacíe su estómago, notará que la punta del ombligo empuja hacia la espina dorsal. También, para los principiantes, es una buena idea acostarse en los días iniciales de la práctica de la Respiración Larga y Profunda. Coloque su mano izquierda sobre el estómago y su mano derecha sobre el pecho para que pueda sentir el movimiento del aire y las expansiones en las partes de su cuerpo.

Veamos en detalle las tres partes de la respiración larga y profunda:

*Respiración abdominal:* Primero, deje que su respiración se asiente a un ritmo relajado y normal. Cuando esté listo, concéntrese en su ombligo. Respire lenta y profundamente y permita que su barriga se expanda de manera relajada. Cuando exhale, tire del ombligo hacia la columna vertebral y muévalo hacia arriba. Mantenga el pecho relajado y utilice solo su abdomen para respirar aquí.

*Respiración torácica:* Para esto, debe sentarse derecho y mantener el diafragma inmóvil. No permita que su abdomen se expanda mientras inspira. Utilice solo los músculos del pecho al inhalar. Hágalo lentamente y sienta cómo se expanden los músculos del pecho. Además, notará que las costillas de la parte inferior se mueven mucho más que las de la parte superior. Compare la técnica de respiración torácica con la técnica de respiración abdominal.

*Respiración clavicular:* Siéntese derecho y mantenga el abdomen relajado y el ombligo ligeramente recogido. Ahora levante el pecho sin respirar. Ahora inspire lentamente y extienda sus hombros y la clavícula. Mantenga el pecho en posición elevada y exhale.

Ahora, la respiración larga y profunda combina todas estas técnicas de respiración. Pongámoslas juntas. Cada parte de las tres expansiones es distinta y separada. Cuando se combinan las tres, se obtiene la técnica de respiración larga y profunda. Comience la inhalación usando la respiración abdominal. Añadan la respiración torácica, y finalmente, la respiración clavicular. Cuando haya dominado la técnica, puede hacer las tres en un flujo suave y sin problemas.

*Respiración de fuego:* Esta técnica de respiración es continua, rápida y rítmica. Se inhala y exhala rápidamente y en intervalos iguales sin pausa. El objetivo es de 2 a 3 ciclos por segundo.

- La boca debe estar cerrada y la respiración debe ser a través de las fosas nasales.

- Este ejercicio es poderoso desde el centro de energía del plexo solar o el ombligo.

- Durante la inhalación, los músculos de la parte superior del abdomen se relajan, y el diafragma baja.

- Durante la exhalación, debe expulsar el aire con fuerza por la nariz empujando el ombligo y el plexo solar hacia la columna vertebral.

- El pecho se relaja, aunque se levanta ligeramente durante el ejercicio.

- Puede comenzar este ejercicio por una duración de 1 a 3 minutos. A medida que se sienta cómodo con el ejercicio, puede aumentar la duración. Típicamente, unos 10 minutos diarios de la técnica de respiración de fuego harán maravillas para su Kundalini.

*Respiración alternada de las fosas nasales:* Esta es una técnica de pranayama muy simple, pero poderosa, utilizada a menudo por los practicantes de Kundalini, tanto los novatos como los experimentados. Ayuda a crear una profunda sensación de armonía y bienestar a nivel emocional, físico y mental. Integra todos sus centros de energía y también ayuda a enraizarlo. También equilibra los hemisferios izquierdo y derecho de su cerebro.

- Utilice la postura fácil (Sukhasana) o siéntese en una silla para esta meditación.

- Utilice el pulgar y los dedos índice de su mano derecha para crear una U. El pulgar debe estar sobre la fosa nasal derecha y el dedo índice para la fosa nasal izquierda.

- Cierre la fosa nasal izquierda con el dedo índice e inhale a través de la fosa nasal derecha.

- Al final de la inhalación, cierre la fosa nasal derecha con el pulgar y exhale por la izquierda.

- Ahora, inhale por la fosa nasal izquierda y exhale por la derecha.

- Repita este ejercicio durante unos 3 a 5 minutos. Para terminar, respire por unos segundos, sostenga la respiración, baje la mano y exhale.

# Capítulo 7: Kundalini Yoga: Mantras y Mudras

Este capítulo trata sobre los mantras y mudras utilizados en el Kundalini Yoga. Así que, vamos a empezar de inmediato.

## ¿Qué son los mantras?

Los mantras no son solo palabras que se unen para formar un sonido agradable. Van más allá de la simple recitación y el canto. Tienen el poder de trabajar en los aspectos sutiles de su ser debido a la disposición de las sílabas en los mantras.

La lengua se mueve mientras hablamos, cantamos o recitamos los mantras (o palabras sagradas), ¿verdad? Al hacer esto, golpeamos varios puntos nerviosos importantes en nuestro paladar, que, a su vez, envía los mensajes necesarios a nuestro cerebro para hacer las cosas por las que estamos rezando. Los mantras han sido establecidos por algunos de los humanos originarios y no es necesario que los entienda para aprovechar su poder. Los mantras son sonidos puros con el poder de estimular el cerebro y el mundo para que cumplan nuestras órdenes.

Por ejemplo, las palabras "Ong" o "Maa" no son creadas o limitadas a un solo idioma. Todos los humanos nacen con estos sonidos y expresiones. El repetido canto de estos mantras impulsa al cerebro a hacer lo que le plazca. Los mantras son tan poderosos que usted puede controlar su cuerpo y su mente con ellos, siempre que lo repita con precisión durante el tiempo suficiente.

Los mantras tienen el poder de ayudarle a cambiar su estado de ánimo, sus hábitos y todo su estilo de vida. El desafío es ser consistente, diligente y comprometido con el canto de los mantras de forma regular e indefectible. Veamos los mantras comúnmente utilizados en el Kundalini Yoga.

Los mantras son típicamente en Gurmukhi, una antigua escritura india. Sin embargo, gracias a la introducción del Kundalini Yoga en el mundo occidental, algunos mantras están ocasionalmente disponibles en inglés también. Ha sido usted introducido a ciertos mantras bija de los siete chakras. Estos mantras son excelentes herramientas para activar y equilibrar la energía de los chakras.

## Mantras de Kundalini Yoga (afirmaciones)

Profundicemos un poco más en los mantras del Kundalini Yoga.

*El mantra Adi:* Adi en sánscrito se traduce como "primero" o "primario". Por lo tanto, el Adi mantra es el primer o principal mantra en el Kundalini Yoga. Es así: Ong Namo Guru dev Namo.

El significado del Adi mantra es "Saludo y presento mis respetos a la Sabiduría Creativa y al maestro divino interior". Este mantra se utiliza específicamente para sintonizar con el flujo divino del autoconocimiento que yace latente dentro de cada uno de nosotros. Idealmente, debe cantar este mantra tres veces antes y después de hacer cualquier asana, meditación, kriya, etc.

*El mantra de la verdad:* Va así, Sat Nam. Significa "Yo soy la verdad" o "la verdad es mi identidad". Este mantra refuerza la existencia de la conciencia divina en cada uno de nosotros. Curiosamente, Kundalini y otros practicantes de yoga utilizan este mantra como una forma de saludarse y también como un mantra meditativo. Una forma clásica de usar este mantra va: Mientras inhala, diga "Sat" y mientras exhala, diga "Nam".

*El mantra de la humildad:* El mantra es, "Guru Wahe Guru Ram Das Guru", y se traduce en "Sabio, sabio es la persona que sirve al Infinito y al Ilimitado". Este mantra llama al espíritu de Guru Ram Das, el cuarto Guru del Sikhismo, que fue conocido por su inmensa paciencia, humildad y compasión. Para cantar su mantra:

• Siéntese en la pose fácil. Mantenga sus manos donde se sienta cómodo; en su regazo, en sus rodillas, o en cualquier otro lugar.

• Cierre los ojos y enfóquese suavemente en su tercer ojo.

Ahora cante el mantra lentamente. Puede cantarlo o decirlo en un tono monótono. Sería genial si pudiera completar una recitación durante una respiración.

*El mantra del gurú:* El mantra del gurú dice así, "Wahe Guru". Mientras que el número de palabras parece ser solo dos, el significado y la traducción de este cubre todo el poder divino universal. La traducción de este mantra es, "Me siento extasiado cuando conozco y experimento la Sabiduría Divina". Este mantra refleja el éxtasis que siente cuando pasa de la oscuridad (u oscuridad) a la luz (conocimiento último). Este mantra es el maestro infinito del alma. Muchas kriyas de Kundalini Yoga utilizan este mantra.

Además, otra traducción del mantra es, "Estoy sano". Estoy bendito". Por lo tanto, este mantra refleja nuestro derecho de nacimiento a la salud, la felicidad y la santidad.

*El Mangala Charn mantra:* Este mantra es una herramienta poderosa para aclarar las dudas en nuestras mentes y nos abre a la guía y protección del poder universal. El mantra es:

Aad Guray Nameh

Jugad Guray Nameh

Sat Guray Nameh

Siri Guru Devay Nameh

La traducción del Mangala Charn mantra es:

Saludo la sabiduría primaria.

Saludo la sabiduría de los tiempos.

Saludo la verdadera sabiduría.

Saludo a la gran sabiduría invisible.

*El mantra para la abundancia y la prosperidad:* Este mantra está en español y dice así: "Soy feliz, abundante y hermoso". Este mantra le recuerda que está hecho en el molde del poder divino universal, y, por lo tanto, no es nada más que hermoso. El poder divino, que muchos de nosotros llamamos Dios, nos hizo perfectos, poniendo todos nuestros rasgos en los lugares correctos. Por ejemplo, ¿qué pasaría si Él hubiera puesto nuestras rodillas donde están nuestros oídos o nuestra boca donde está nuestro estómago. Este mantra nos recuerda esta perfección de nuestro cuerpo.

Somos abundantes porque tenemos todo lo que necesitamos. Para entender el poder de la abundancia, simplemente hay que preguntarle a un ciego el valor de la vista, a un sordo el valor del sonido, a un lisiado el valor de los miembros sanos, etc. Cuando entendemos las insuficiencias que enfrentan estas personas, nos damos cuenta de lo abundantes que somos.

Somos felices porque estamos vivos y bien a pesar de todos los sufrimientos y dolores que sufrimos, y a pesar de todos los males que cometemos, a sabiendas o no. Imagine cuántos errores ha cometido, y aun así permanece en una sola pieza. ¿No es esa una razón para sentirse feliz? Por lo tanto, este mantra nos recuerda la abundancia, la belleza y la felicidad que tenemos. Este mantra también es genial para la autoestima y la construcción de la confianza.

*El Siri mantra o el mantra mágico:* El mantra mágico tiene el poder de eliminar toda la negatividad y los obstáculos de su vida. Este mantra es:

Ek Ong Kar Sat Gur Prasad, Sat Gur Prasad Ek Ong Kar

La traducción de este mantra es algo así:

"El Ser Divino y yo somos uno; lo sé por la gracia del sabio y verdadero Gurú.

Lo sé por la gracia del sabio y verdadero Gurú, el Ser Divino y yo somos uno".

Repetir este mantra es excelente para mejorar sus poderes intuitivos también. Después de dominar el poder de este mantra, cualquier cosa que diga se amplifica. Por lo tanto, debe prestar atención a las conversaciones positivas y evitar las negativas. Sin embargo, es igualmente importante saber que, si este mantra no se canta correctamente, puede resultar contraproducente para usted. Por lo tanto, sería una buena idea meditar y aprender a calmar su mente antes de comenzar este canto.

## Kundalini Yoga mudras (Posturas y gestos de la mano)

El poder en y de nuestras manos va más allá de las funcionalidades básicas del trabajo. Lo tienen en ellas para ser un mapa energético de nuestra salud y conciencia. Cada área y porción de la mano está relacionada con una cierta parte del cuerpo y con diferentes pensamientos y emociones.

Al tocar, curvar, estirar y cruzar las palmas y los dedos, se está comunicando efectivamente con el cuerpo y la mente. Las posiciones y gestos de las manos se llaman mudras en sánscrito. Es una técnica usada por yoguis y practicantes de Kundalini Yoga para enviar mensajes claros a nuestro sistema de energía cuerpo-mente.

Veamos algunos mudras importantes usados en Kundalini Yoga:

En el mudra de la mano, su pulgar es usted (o su ego), y se conecta a diferentes planetas dependiendo del dedo que su pulgar toque.

*Gyan mudra:* Denominado el Sello del Conocimiento, estimula la calma, la sabiduría, el conocimiento y la receptividad. Toque suavemente la punta del pulgar y el índice, mantenga los otros tres dedos rectos, y tendrá el Gyan mudra. El Gyan mudra está gobernado por Júpiter, el planeta conocido por sus poderes de expansión y crecimiento.

*Shuni mudra:* Conocido como el Sello de la Paciencia y el Coraje, este mudra es una excelente herramienta para construir la paciencia, el compromiso y las habilidades de discernimiento. Este mudra requiere que toque la punta del pulgar y el dedo medio entre sí, y que mantenga los otros tres dedos rectos. El maestro de este mudra es Saturno, el planeta conocido por ser un duro capataz, y nos enseña la importancia de asumir la responsabilidad y hacer nuestro deber con valentía y rectitud.

*Ravi o Surya mudra:* Conocido como el Sello de la Vida, la Energía o el Sol, el Surya mudra es genial para construir la fuerza de sus nervios, revitalizar su energía, y para la buena salud en general. Para este mudra, toque la punta de su pulgar y el dedo anular (o tercero) juntos, manteniendo los otros tres dedos rectos. El maestro planetario de este mudra es el Sol, famoso por su poder para mejorar la sexualidad, la energía y la salud. También está gobernado por el planeta Urano, responsable de la fuerza nerviosa, los poderes intuitivos y la adaptabilidad al cambio.

*Buddhi mudra:* Denominado el Sello de la Claridad Mental, este mudra promueve la comunicación clara e intuitiva. También promueve el desarrollo psíquico, además de ayudar a mejorar las habilidades de oratoria y comunicación. El mudra se forma al tocar la punta del pulgar y el meñique, dejando los otros tres rectos. El planeta del Buddhi Mudra es Mercurio, que es conocido por su rapidez y sus poderes mentales.

*Pranam mudra:* Comúnmente llamado la Pose de Oración, este mudra combina sin problemas el lado negativo del cuerpo, que es el lado izquierdo o femenino, con el lado positivo del cuerpo en el lado derecho, masculino, resultando en un efecto equilibrado en la persona. Este mudra consiste en tocar las palmas de las manos con todos los dedos de ambas manos completamente.

El Pranam mudra tiene un razonamiento científico detrás de él. Hay una diferencia de polaridad entre el lado derecho e izquierdo, o el Pingala y el Ida, respectivamente. Cuando las manos derecha e izquierda se juntan y se tocan, las polaridades se neutralizan, creando un espacio neutral en el campo electromagnético.

En la posición del Pranam mudra, los nudillos de los pulgares tocan la muesca del esternón. Este lugar es un importante punto reflejo del nervio vago, un importante nervio que sube a la glándula pineal desde la parte delantera del cuerpo. Se han realizado muchas investigaciones sobre el nervio vago, y las observaciones muestran que juega un papel importante en los sentimientos de bondad, compasión y empatía.

El Pranam mudra crea presión en este punto reflejo e impulsa a la pituitaria y a la glándula pineal a aumentar sus secreciones, lo que resulta en una resonancia en el cerebro. La conciencia pasa del estado rítmico normal a un estado meditativo, asegurando que sus oraciones vienen directamente del corazón. Esta es la razón científica detrás de por qué doblamos las manos durante la oración.

*Cerradura de Venus:* Esta mudra promueve la mejora de la concentración, el equilibrio glandular y también mejora la energía sexual. Para los hombres, este mudra requiere que los dedos de las dos manos se entrelacen con el meñique izquierdo que está justo en la parte inferior. El pulgar izquierdo se coloca entre la suave región palmeada entre el pulgar y el índice de la mano derecha. El pulgar derecho se coloca sobre el pulgar izquierdo en el montículo que se encuentra en su base.

Para las mujeres es lo mismo, excepto que las posiciones del pulgar derecho e izquierdo están intercambiadas. Los montículos en la base de los pulgares representan a Venus, el planeta de la sexualidad y la sensualidad. El pulgar representa su ego.

# Capítulo 8: Kundalini Yoga: Kriyas (secuencias completas)

Se le ha presentado el significado básico de kriya, que es un conjunto de mudras, pranayama y ejercicios de asana. Profundicemos un poco más en algunas de las kriyas más comunes e importantes que se practican en el Kundalini Yoga.

Hay miles de kriyas diseñadas para el despertar de la Kundalini. Veremos algunas desde la perspectiva de un principiante. Sin embargo, antes de comenzar con la práctica de la kriya, es importante conocer, comprender y seguir esta serie de pautas.

## Directrices para la práctica de kriyas

Utilice estas pautas básicas a seguir antes, durante y después de una sesión de kriya.

Antes de la práctica:

- Todas las distracciones, como los móviles y los dispositivos electrónicos, deben estar apagados.
- Coma un refrigerio ligero junto con agua unas dos o tres horas antes de la sesión.

• Use ropa cómoda y holgada. También hay que llevar la cabeza cubierta, como un pañuelo, una bandana, etc. Asegúrese de que toda su ropa y prendas estén hechas de fibras naturales, ya que son excelentes agentes aislantes para mantenerle conectado a tierra durante la meditación.

• Tenga una manta o sábana de fibra natural como lana o algodón para sentarse. También necesitará una segunda sábana o chal para cubrirse durante los periodos de relajación y meditación.

• Si tiene problemas con la parte baja de la espalda, las piernas o las caderas, puede utilizar un pequeño cojín para sentarse en una posición elevada cuando esté sentado o durante la meditación.

Durante la práctica:

• El primer y principal propósito del Kundalini Yoga es aumentar su autoconciencia. Por lo tanto, sintonice con las señales de su cuerpo, escúchelas y siga lo que dicen.

• Desafíese a hacer un poco más de lo que cree que puede. Por ejemplo, si considera que no puede sentarse durante más de cinco minutos para su meditación, esfuércese por sentarse durante seis minutos.

• Siga estrictamente las instrucciones dadas para cada kriya. Asegúrese de seguir el orden y el tipo de postura, asana y técnica de respiración sugeridos para cada kriya.

• No intente hacer una kriya más allá del tiempo máximo recomendado. Puede acortar el periodo si lo desea. Sin embargo, recuerde reducir el tiempo proporcionalmente para todos los elementos de la kriya.

• Cuando se encuentre en una clase con su instructor, aclare sus dudas sobre cualquier aspecto de la kriya. Hacer bien las kriyas es importante para el éxito del Despertar de Kundalini.

• Puede beber agua, si lo necesita, entre los ejercicios.

En el caso de las mujeres, durante las épocas de mayor intensidad de la menstruación, evite realizar ejercicios de yoga extenuantes. En particular, evite la técnica de respiración de la Respiración de Fuego, la Postura del Camello, la Postura de la Langosta, la Llave Raíz, etc. En lugar de realizar estos ejercicios extenuantes durante las menstruaciones abundantes, puede simplemente visualizarse haciéndolos o pedir a su instructor una versión modificada adecuada para usted durante ese período.

Después de la práctica:

- Consuma mucha agua. Sintonice con su estado físico, emocional y mental e intente observar lo que le quieren decir.

- Intente incorporar a su vida diaria al menos un ejercicio sencillo aprendido en la clase. Por ejemplo, si ha aprendido bien la técnica de la Respiración Profunda y Larga, puede probarla en cualquier momento libre del día.

## El Sat Kriya

Esta es la kriya fundamental en el Kundalini Yoga, y debe hacer esta kriya en una sesión de 3 minutos por lo menos tres veces al día. Hay múltiples beneficios al hacer esta kriya, incluyendo una mejor salud general, mejor salud del corazón, etc. Incluso si no tiene tiempo para ninguna otra kriya, haga esta para mantener su cuerpo limpio, relajado y saludable. Use estos pasos para esta kriya:

- Siéntese usando la Pose de la Roca.

- Estire sus brazos sobre su cabeza. Los codos deben estar rectos hasta que los antebrazos abracen las orejas o los lados de la cabeza.

- La columna vertebral debe estar recta y quieta. Asegúrese de no sentir un empuje pélvico o una flexión de la columna vertebral.

- Dejando fuera los dedos índices, entrelace todos sus dedos. Las puntas de los dedos índices deben tocarse entre sí y deben apuntar hacia arriba. La mujer debe cruzar el pulgar izquierdo sobre el derecho. Los hombres deben cruzar el pulgar derecho sobre el izquierdo.
- La posición anterior debe mantenerse durante toda la kriya.
- Comience a cantar el Sat Nam mantra rítmicamente, repitiendo unos 8 minutos por 10 segundos.
- Mientras inspira y tira del ombligo hacia la columna vertebral, diga "Sat" y sienta la presión en su tercer ojo.
- Diga "Nam" mientras exhala y relaja los músculos de su vientre.
- Al entrar en este ritmo, su vientre y los músculos del abdomen comienzan a moverse rítmicamente, y notará que su respiración se controla automáticamente.
- Para terminar la kriya, inhale y apriete suavemente los músculos de los esfínteres y sienta la energía que sube por la columna vertebral.
- Sosténgalo por un rato y concéntrese en su chakra de la corona. Ahora, exhale.
- Inhale y exhale suavemente y abra los ojos.

## La Pose de Estiramiento

La Pose de Estiramiento es única y comúnmente usada en el Kundalini Yoga. Sí, es un poco desafiante, pero altamente digna y gratificante. La Pose de Estiramiento estimula y activa el chakra del tercer ojo y también afecta a todo el cuerpo. La activación del chakra del tercer ojo aumenta la autoestima y la resolución.

Esta kriya utiliza el ombligo como punto de apoyo para fortalecer los músculos del abdomen y reajustar todo el sistema nervioso. Cuando se usa junto con la Respiración de Fuego, tiene el poder de calmar y rejuvenecer el cuerpo y la mente, incluso cuando la sangre está purificada y energizada. Los beneficios de la Pose de Estiramiento incluyen:

- Fortalecimiento del punto del ombligo, que es el centro de poder.
- Fortalecimiento de sus órganos y glándulas reproductivas.
- Afina su sistema nervioso de forma natural y eficiente.
- Para las mujeres, hay algunas contraindicaciones para la Pose de Estiramiento, considerando que esta kriya pone una presión extra en el sistema reproductivo. Por lo tanto, las mujeres tienen que tomar cuidado:
- Las mujeres embarazadas no deben hacer esto, especialmente aquellas que han pasado 120 días de embarazo.
- Las mujeres con complicaciones en el embarazo deben evitar hacer esta pose. Hable con un instructor calificado para modificaciones o ayuda.
- Las mujeres que experimentan los primeros días de sangrado intenso del ciclo menstrual no deben hacer esta kriya.
- La Pose de Estiramiento se puede hacer usando estos pasos:
- Acuéstese de espaldas cómodamente en una manta o sábana hecha de fibra natural.
- Levante la cabeza y los talones a unas seis pulgadas del suelo.
- Estire los dedos de los pies lejos de usted.
- Enfoque sus ojos en las puntas de los dedos de los pies.
- Coloque sus manos sobre sus muslos (o piernas, si puede levantarse hasta ese punto), asegurándose de que no se toquen. Las palmas de las manos deben mirar hacia abajo.
- Haga la Respiración de Fuego.

Lo ideal sería mantener esta posición durante 1 a 3 minutos (sí, todo un reto). Normalmente, la mayoría de la gente puede mantener esta posición durante no más de 30 segundos, durante los cuales se puede sentir el tirón de los músculos. Después de esto, su cuerpo podría temblar, y su cara podría contorsionarse debido a la presión sobre los músculos. Definitivamente no se espera que los principiantes mantengan esta posición durante todo el tiempo. Para los principiantes, mantenerla durante tres minutos es casi imposible. Utilice estas técnicas para desarrollar lentamente la fuerza y la confianza en sus habilidades:

Coloque sus manos detrás de su espalda y debajo de sus nalgas, con las palmas hacia abajo. Esta posición da fuerza y apoyo a la parte baja de la espalda y le permite mantener las piernas levantadas más fácilmente que de otra manera.

Levante una pierna a la vez en lugar de las dos juntas. Mantenga la posición con la pierna derecha levantada y la pierna izquierda firmemente fijada al suelo. Luego cambie la posición de las piernas. La pierna que está en el suelo mejorará su estabilidad, facilitando su capacidad para mantener la otra pierna en una posición elevada durante más tiempo.

Alternativamente, puede levantar ambas piernas simultáneamente, pero manteniendo las rodillas ligeramente flexionadas. Esto también reducirá la dificultad de hacer la kriya en los estados iniciales.

Otra forma de desarrollar la resistencia para este ejercicio es alternar manteniendo la postura y descansando durante 10 segundos cada uno. Gradualmente se puede aumentar la duración hasta que se pueda mantener la posición por períodos más largos.

Comience de a poco y aumente gradualmente su capacidad para mejorar el tiempo de mantenimiento de la Pose de Estiramiento.

## Kriya para fortalecer la resistencia y la vitalidad

Esta kriya desata la poderosa energía interna que yace latente dentro de usted para que pueda aprovechar el poder de la mayor resistencia y vitalidad. Esta kriya comienza su magia liberando la energía almacenada en el punto del ombligo y llevando esta energía a todos los nadis mayores y menores de su cuerpo.

Luego, esta kriya lleva la energía hacia arriba desde el chakra del plexo solar hasta el chakra de la garganta para energizar las glándulas superiores allí. Finalmente, el Sushumna se libera de todas las obstrucciones, y la energía se libera en esta superautopista Nadi. Es una gran kriya para los principiantes y los experimentados practicantes de Kundalini Yoga.

Doble la cadera y equilibre su cuerpo con las puntas de los dedos de los pies y de las manos. Mantenga las rodillas rectas, pero no bloqueadas incómodamente.

En esta posición, mueva las caderas rápidamente. Imagine cómo un animal movería su cola. Repita ese movimiento rápidamente. Hágalo durante tres minutos.

Luego, siéntese en la posición fácil y empuje su columna hacia atrás en un ángulo de 60 grados. Los brazos deben estar doblados delante de usted. Mantenga su cuello recto. Ahora, gire los hombros en un círculo hacia adelante. Este ejercicio también debe hacerse durante tres minutos.

Acuéstese en la posición del niño. Entrecruce los dedos llevando las manos a la parte baja de la espalda. Ahora, levante los brazos por encima de la espalda en una postura de yoga y mantenga esta posición durante tres minutos.

A continuación, siéntese con las piernas cruzadas en el suelo en posición de loto e inclínese hacia atrás apoyándose en los codos. Mantenga esta posición durante tres minutos.

A continuación, siéntese en el suelo y estire las piernas. Ahora, tóquese los dedos de los pies y haga que la cabeza toque las rodillas y vuelva a subir. Haga este movimiento no más de 11 veces rápidamente. Recuerde respirar normalmente y NO usar la técnica de respiración de fuego.

La última pose requiere que se siente en Sukhasana. Con el Pranam mudra, enfoque sus ojos en la punta de su nariz. Mantenga el cuello recto y el pecho y la barbilla fuera. Bombee la punta del ombligo, imaginando un millón de puntos de luz que emergen de allí y llenan su cuerpo con su energía. Haga esto durante 3 minutos.

Para terminar la kriya, inhale profundamente y sostenga. En esta posición, apriete todos los músculos de su cuerpo. Después de unos 10 segundos, exhale explosivamente por la boca. Repita esta técnica de respiración dos veces más. Lentamente abra los ojos.

## Kriya para conquistar y superar el dolor

La kriya autocurativa le ayuda a conquistar y superar el dolor equilibrando su sistema nervioso central. Entrena su cuerpo para conquistar el dolor, lo que le ayudará a superar cualquier problema en su vida.

Siéntese en una postura fácil manteniendo su columna vertebral erguida y relajada.

Separe los dedos para que los dedos medio e índice se toquen entre sí, y los dedos meñiques y anular se toquen entre sí. Estire los brazos hacia los lados y paralelos al suelo. En esta posición, sentirá un estiramiento en su axila. La palma de su mano izquierda debe mirar hacia abajo, y la de su mano derecha debe mirar hacia arriba.

Ahora, inhale por la boca y exhale por las fosas nasales. Disminuya su respiración tanto como pueda hasta que pueda completar solo tres ciclos de respiración por minuto. Asegúrese de que sus brazos estén rectos, y sienta el estiramiento en sus axilas. Esta kriya tiene que hacerse durante 11 minutos.

Para terminar la kriya, inhale profundamente por la boca, contenga la respiración, asegurándose de que sus brazos están completamente estirados hacia afuera, y su columna vertebral se estire hacia arriba. Luego exhale por la nariz. Repita esta secuencia de respiración dos veces más antes de abrir lentamente los ojos.

## Desintoxicación Kriya

Los humanos han evolucionado para absorber más de lo que podemos procesar. Por ejemplo, frecuentemente, comemos más de lo que necesitamos diariamente acumulando los alimentos no procesados en nuestro cuerpo. Acumulamos un montón de emociones y experiencias negativas, sin querer y a sabiendas. Por lo tanto, a menudo, nos sentimos empantanados por las negatividades y el exceso no procesado que hemos acumulado en nuestra vida.

La energía preciosa se utiliza a menudo para cuidar de estas acumulaciones improductivas. Desintoxicarnos no solo nos ayudará a deshacernos de las toxinas físicas, emocionales y mentales, sino que también nos ayudará a conservar la preciosa energía para utilizarla con fines productivos. Por lo tanto, necesitamos desintoxicar continuamente nuestra mente y cuerpo para mantenernos ligeros, sanos y flexibles. La kriya desintoxicante está diseñada específicamente para este propósito.

1. Acuéstese de espaldas. Sus talones deben estar rectos, juntos y tocando el suelo, y sus dedos deben estar apuntando hacia arriba.

Ahora, separe los pies para que el pie derecho apunte a la derecha y el izquierdo a la izquierda.

A continuación, junte los pies de manera que apunten hacia arriba otra vez. Continúe abriendo y cerrando los pies durante cuatro minutos.

2. Permanezca acostado de espaldas. Ponga las manos detrás de la cabeza.

Levante las piernas unos 60 cm y haga con ellas el movimiento de tijera, asegurándose de que los talones no toquen el suelo.

3. Mantenga las piernas rectas y las rodillas flexionadas. Haga este ejercicio durante cuatro minutos.

A continuación, acuéstese boca abajo. Exhale por la boca mientras levanta la parte superior de su cuerpo en la postura de la cobra.

Inhale por la boca mientras baja el cuerpo hasta el suelo. Este ejercicio es excelente para deshacerse de las toxinas de su cuerpo. Hágalo durante unos seis minutos.

4. A continuación, acuéstese de nuevo boca arriba. Suba las rodillas al pecho.

Levante los brazos hacia arriba en un ángulo de 90 grados.

Enderece las rodillas y baje las manos hasta el suelo.

Haga este ejercicio durante tres minutos, asegurándose de que sus movimientos están controlados. No debe haber ningún sonido cuando baje las manos y las piernas a la espalda.

5. Siéntese en la postura fácil. Ahora, gire el torso en sentido contrario a las agujas del reloj alrededor de la base de la columna vertebral como un movimiento de agitación.

Haga este ejercicio durante tres minutos, tratando de aumentar la velocidad de la revolución en el último minuto.

6. A continuación, párese derecho. Inclínese hacia adelante y sostenga o agarre sus tobillos. Siéntese en una posición de cuervo mientras sostiene su tobillo. Ahora, vuelva a levantarse. Haga este ejercicio durante dos minutos.

Puede terminar esta kriya sentándose en una pose fácil y cantando el Sat Nam Mantra durante once minutos. Después de la meditación, estire los brazos sobre su cabeza con las palmas de las manos tocándose. Inhale mientras lo hace y contenga la respiración durante unos 20 a 40 segundos, dependiendo de su habilidad. Exhale lentamente. Repita esta secuencia de respiración dos veces más antes de abrir los ojos.

Las kriyas tomarán tiempo y esfuerzo para dominar. Alcanzar la máxima duración recomendada para cada kriya no sucederá para los principiantes. Comience de a poco y aumente gradualmente la intensidad y duración de cada kriya hasta que pueda hacerlo durante todo el período máximo recomendado. Para reiterar, no intente hacerlo por más del tiempo máximo recomendado. Siga los pasos estrictamente para obtener beneficios óptimos.

# Capítulo 9: El tantra y otras prácticas

Practicar el Kundalini Yoga a través de asanas, pranayama, kriyas, mudras y meditaciones es una excelente manera de despertar el Kundalini; necesita hacer más que pasar unos minutos dedicados a este ejercicio. Debes incluir la práctica del despertar de la Kundalini en su rutina diaria.

El deseo de despertar la Kundalini debe ser parte del propósito de su vida. Además, hay múltiples formas de incluir los hábitos diarios, cambiar su estilo de vida y alterar su mentalidad que le ayudará a construir su fuerza y capacidad para despertar la dormida, pero poderosa serpiente dentro de usted. Cuando haya dominado lo básico, entonces las opciones avanzadas como el shaktipat y tantra pueden llevarlo más adelante en su viaje.

## Técnicas cotidianas para despertar su Kundalini

Concéntrese en su respiración: Cualquier ejercicio que lo lleve a concentrarse en su respiración es útil para el despertar de la Kundalini. Por lo tanto, aprenda a vivir un estilo de vida más consciente. Concéntrese en el momento presente. Independientemente de la tarea que haga, trate de notar cómo su respiración viene y va.

El mejor y más efectivo método para concentrarse en su respiración es pasar solo cinco minutos cada día notando su respiración. Haga el sencillo ejercicio de respiración explicado en un capítulo anterior. Aunque no haga nada más, este simple ejercicio de respiración lo acercará a su meta de despertar la Kundalini.

Si tiene problemas para recordar hacerlo, ponga la alarma después o antes de la hora de comer y justo antes de acostarse. Haga cinco minutos de ejercicios de respiración sentado en cualquier lugar cómodo y sin ser molestado.

Evite todo tipo de negatividad en su vida: Cuanto más positivo sea usted, más positivismo atraerá. Lo contrario también es cierto, lo que significa que cuanta más positividad traiga a su vida, más positivo se convertirá. Una forma de atraer la positividad es rechazando la negatividad.

Observe todos los patrones negativos en su vida. Puede ser en la forma en que piensa, en la compañía que mantiene, y en su perspectiva general. Cuando se encuentre con la negatividad en cualquier aspecto de su vida, elimínela o reemplácela por algo bueno. La segunda forma de manejar la negatividad se llama reformular o reencuadrar. Cada vez que se encuentra pensando negativamente, reformule la situación o el pensamiento en algo positivo.

Por ejemplo, ¿qué pasaría si planea salir a almorzar con sus amigos un sábado por la tarde, y de repente llueve a cántaros? En vez de enfadarse por el tiempo, podría decirse a sí mismo, "esta es una gran oportunidad para terminar esa pintura que he estado posponiendo".

Aquí hay otro ejemplo de reencuadrar los pensamientos de forma positiva. Supongamos que recibió una carta de rechazo de una empresa que solicitó un trabajo. En lugar de decirse a sí mismo que no la recibió porque no merecía la oferta, dígase a sí mismo que no la recibió porque algo mucho mejor está a la vuelta de la esquina.

Utilice técnicas de visualización: Los ejercicios de visualización son herramientas poderosas para mejorar todas las cosas correctas en su vida, incluyendo el viaje del despertar de la Kundalini. Visualice la luz divina que se enciende en la base de su columna vertebral y que lentamente se eleva y se mueve hacia la corona. Visualice esta luz brillante esparciendo calor y la luz del conocimiento y la sabiduría a cada célula de su cuerpo. Mientras lo visualiza, repita estas afirmaciones:

La luz divina es mi fuente de energía.

La luz divina me crea y expande mi conocimiento y sabiduría.

La luz divina me protege.

Estoy bañado en esta luz divina.

**Active sus intereses y pasatiempos:** Activar sus intereses y pasatiempos no solo es bueno para despertar su Kundalini, sino que también es útil para llevar una vida feliz y equilibrada. Pero para despertar su Kundalini, es imperativo que pase por lo menos una hora cada día invirtiendo tiempo y energía en una actividad que lo mantenga no solo feliz, sino comprometido e inmerso.

El desafío con este punto es que nuestras agitadas vidas y las presiones sociales nos llevan a invertir tiempo y energía solo en tareas "productivas", y los pasatiempos e intereses que no tienen valor monetario se consideran "improductivos". Es hora de cambiar esta actitud y luchar contra este enfoque.

Enumere las cosas que se mueren por hacer, pero que no se pueden hacer por falta de tiempo y energía. Haga otra lista de las cosas que se ve obligado a hacer porque son más productivas, aunque no le hagan feliz. Reemplace las actividades infelices por otras felices y vea la diferencia que esta elección hará en su vida y en sus experiencias vitales. La vida alegre es un aspecto crítico del despertar de la Kundalini.

## Hábitos diarios yóguicos para el despertar de la Kundalini

A medida que practica Kundalini Yoga, la mayor conciencia impacta en todos los aspectos de su vida, desde las actividades diarias mundanas hasta el proceso de pensamiento filosófico más esotérico que es probable que absorba durante su viaje. Esta sección está dedicada a mostrarle cómo cambiar sus actividades diarias con mayor conciencia para que también contribuyan al proceso del despertar de la Kundalini. Estos hábitos, tan simples y ordinarios como pueden parecer, tienen un gran impacto en nuestra vitalidad y conciencia.

Cepillarse los dientes: Gracias a su dentista, ya sabe la importancia de cepillarse los dientes para la salud de los dientes, la boca y las encías. Ahora, aprenda cómo un hábito de conciencia de cepillarse los dientes afectará positivamente su proceso de despertar de la Kundalini.

Por la noche, mientras duerme, su boca se convierte en una incubadora en la que cientos y miles de bacterias crecen y se desarrollan. Los mejores lugares para que estas bacterias prosperen son dos pequeños bolsillos en su garganta. Por lo tanto, si no se cepilla los dientes y se limpia la boca hasta la parte posterior de la lengua, las posibilidades de tragar estas bacterias que causan enfermedades aumentan significativamente.

Tan pronto como se levante por la mañana, cepíllese bien los dientes y luego use su cepillo de dientes para limpiar hasta la parte posterior de la lengua tan profundamente que tenga arcadas, lo cual es algo bueno. Con estas náuseas, todas las bacterias son expulsadas de su boca, y su boca, lengua, dientes y garganta están listos para enfrentarse al mundo.

Al amordazar las bacterias, los ojos se humedecerán, lo cual es otra cosa buena porque estas lágrimas ayudarán a preservar la vista. El polvo de dientes que se usa para limpiar la lengua y para inducir las arcadas puede estar hecho de estos ingredientes: 1 parte de sal marina y 2 partes de alumbre de potasio.

Puede hacer este polvo y guardarlo en un frasco en su baño. Ponga un poco todos los días en la palma de su mano. Luego, lave su cepillo de dientes y sumérjalo en el polvo y cepille sus dientes y lengua. Puede completar el cepillado de sus dientes con su pasta de dientes favorita.

Importancia del sueño para el despertar de Kundalini: El sueño es esencial para que el cuerpo y la mente descansen y se recuperen y rejuvenezcan. Solo después de un sueño reparador puede sentirse alerta para enfrentar los desafíos de un nuevo día. Aquí hay consejos sobre cómo debe preparar su espacio para dormir para asegurar que tenga una noche de sueño reparador todos los días.

- El colchón debe ser lo suficientemente firme para soportar la columna vertebral y permitir que el sistema nervioso se relaje.
- Deje que su cama esté alineada en dirección este-oeste para una noche de sueño tranquilo. Si su cama está en la misma dirección que el campo magnético de la Tierra (dirección norte-sur), entonces su energía personal podría ser superada, resultando en un sueño sin calidad. Se despertará gruñón y cansado.

• Mire a ver si puede tener música inspiradora o afirmaciones tocando suavemente de fondo en su dormitorio, especialmente antes de acostarse. Puede mantener este sonido a niveles casi inaudibles para que fluya directamente a su mente subconsciente.

• Aquí hay consejos útiles para prepararse para el sueño:

• Debería haber sudado y reído su cuota diaria antes de acostarse. Si no lo ha hecho, entonces salga a caminar antes de acostarse a dormir.

• No tome comidas pesadas por la noche.

• Cepíllese los dientes antes de dormir.

• Beba un vaso de agua, si quiere. La deshidratación por la noche puede causar alteraciones del sueño. Levantarse para ir al baño no lo perturbará. Puede volver a dormirse fácilmente.

• Justo antes de acostarse en la cama, lávese los pies con agua fría. Esto ayuda a calmar y relajar su sistema nervioso.

• Medite o diga sus oraciones.

Consejos útiles para dormirse:

• Tome todas sus preocupaciones y problemas. Empaquételos en una maleta. Cierre con llave y póngalos en un estante que diga DIOS. Se sorprenderá de cómo este simple ejercicio de visualización puede ayudar a calmar sus nervios.

• Ponga la alarma en su mente para despertar cuando quiera. Sí, no necesita una alarma exterior. La mente subconsciente mantiene un tiempo excelente y responderá a su orden.

• Acuéstese boca abajo con la mejilla derecha en la almohada. Esta posición asegurará que su fosa nasal izquierda esté abierta para respirar energía calmante y tranquilizadora. En esta posición, haga ejercicios de respiración largos con ambas fosas nasales.

• Una vez que se sienta con sueño, voltéese y duerma en su posición preferida.

## Hidroterapia en Kundalini Yoga

Uno de los hábitos matutinos más importantes que promete buena salud es una ducha fría. El proceso, por cruel que parezca, es una poderosa herramienta llamada hidroterapia o "ishnaan". Una ducha fría va más allá de mantener su cuerpo físico y externo limpio e higiénico. Los beneficios de la hidroterapia son múltiples.

• Cuando el agua fría golpea su piel, toda la sangre corre hacia sus órganos. Este movimiento de flujo de sangre hacia los órganos es una forma de proteger los órganos y los mantendrá calientes contra el golpe de agua fría. Es un mecanismo de autodefensa innato de nuestro cuerpo.

• A medida que la sangre se precipita hacia los distintos órganos, los capilares sanguíneos se expulsan, lo que resulta en un poderoso entrenamiento para ellos. Las duchas frías despejan los vasos sanguíneos y eliminan las toxinas.

• Además, el sistema circulatorio se beneficia enormemente de una ducha fría, dejando la piel y las células sanguíneas rejuvenecidas y refrescadas. Una ducha fría también estimula el aumento de las secreciones en el sistema glandular, lo que resulta en un mejor funcionamiento del cuerpo y la mente.

• Consejos útiles para tomar una ducha fría cada mañana:

• Masajear todo el cuerpo con una pequeña cantidad de aceite de almendras antes de la ducha. Contiene muchos minerales y no se pega al cuerpo. Cuando está húmedo, el aceite de almendras se absorbe fácilmente por la piel.

• Utilice calzoncillos o pantalones cortos de algodón para cubrir sus muslos para proteger el hueso del fémur del impacto directo del agua fría.

• Abra la ducha fría. Métase y salga de la ducha varias veces, masajeando continuamente su cuerpo hasta que el agua ya no se sienta fría. Sí, cuando entra y sale repetidamente de la ducha fría, su piel y su cuerpo se acostumbrarán al frío y no enviarán señales de salto a su cerebro.

- Comience con sus extremidades inferiores, luego pase a sus brazos, y cuando esté listo, ponga todo su cuerpo bajo la ducha.
- Si tiene un problema de ciática o presión arterial alta, consulte a su médico antes de probar esta terapia.

Consejos especiales para mujeres:

- Asegúrese de masajearse los senos para liberar toxinas y mejorar la circulación.
- Evite las duchas frías cuando esté menstruando.
- Si está embarazada, su bebé no debe estar bajo el agua fría durante más de tres minutos. Y después del séptimo mes, no se duche con agua fría. Una vez más, hable con su médico antes de probar la hidroterapia si está embarazada.
- Después de la ducha, séquese rápidamente. Esto le dará a su cuerpo un buen brillo.

## Métodos avanzados para despertar la Kundalini

Una vez que ha aprendido y dominado lo básico, puede pasar a los métodos avanzados que ayudan a despertar su Kundalini. Dos de los más populares y aceptados avanzados incluyen el tantra y el shaktipat. Veamos brevemente cada elemento.

Tantra: Existe mucha confusión para entender el tantra, tradiciones esotéricas esenciales conectadas tanto al hinduismo como al budismo. Lamentablemente, en el mundo occidental, los no iniciados ven el tantra como un medio de potenciación sexual. El tantra va más allá y por encima del empoderamiento sexual materialista.

Hay técnicas avanzadas de meditación de mantra en el tantra utilizadas para despertar la Kundalini. Una famosa escritura tántrica llamada Vijñāna Bhairava Tantra enumera 112 técnicas de meditación tántrica. Otra escuela tántrica llamada Bhairavanand Tantra se deriva del shaivismo y enseña a los practicantes lecciones avanzadas usando la meditación mantra para despertar la Kundalini. Y esta tradición utiliza una combinación de yantras y yagnas.

Los yantras son formas geométricas especiales conocidas por tener el poder de afectar cambios tangibles a nivel físico por la energía de niveles de energía más sutiles. Los yagnas son grandes fuegos de sacrificio sobre los que se cantan mantras junto con elementos sagrados sometidos al fuego para lograr deseos especiales.

Shaktipat: Shaktipat es la transferencia de energía espiritual de un gurú a un estudiante bien preparado y merecedor. Este mecanismo de transferencia de energía no solo resulta en la recepción de nueva energía por parte del estudiante, sino también en la mejora y conservación de su propia energía.

La transferencia de energía a través de shaktipat ocurre de muchas maneras, incluyendo a través del tacto, el uso de un mantra, o a veces simplemente por la vista. Es interesante que el gurú no necesariamente transfiera su propia energía, sino la energía de los antiguos y pasados gurús de su linaje.

Los estudiantes ven a shaktipat como una forma de gracia de su gurú, y, por lo tanto, es difícil de lograr. Su gurú debe estar verdaderamente complacido con sus esfuerzos para despertar la Kundalini, y debe estar preparado para asumir los desafíos que vienen con la energía de la serpiente despierta.

Hay otras formas de despertar la Kundalini, incluso a través del sexo. Sí, nuestros instintos biológicos pueden ser la puerta para el despertar espiritual. Las energías de las dos parejas pueden resonar durante el acto sexual, lo que lleva a una mayor experiencia espiritual que afecta a ambas parejas simultáneamente.

Y, aun así, es importante saber que el despertar de su Kundalini es un evento incontrolable y espontáneo. Si encuentra su Kundalini despierta, esto está fuera de su control. Solo puede persistir y esperar pacientemente el momento en que suceda. Diferentes experiencias de la vida pueden hacer que esta energía suba por la columna vertebral sin o sin su conocimiento.

Y sí, alguien que ha estado practicando durante años en Kundalini Yoga podría no tener éxito todavía, mientras que alguien que nunca ha oído hablar de este concepto podría experimentarlo, sin saberlo, por supuesto.

# Capítulo 10: Qué hacer después de un despertar de la Kundalini

Asumamos que ha tenido su despertar de la Kundalini. Ahora, ¿qué hace? ¿Qué esperar cuando llegue este momento trascendental? ¿Cómo manejarse a sí mismo y a su vida después de él? Este capítulo está dedicado a estos aspectos.

Lo primero es lo primero. Cuando experimente el despertar de Kundalini, definitivamente se sentirá asustado, desorientado, y bastante horrible. A menudo, el despertar de la Kundalini puede parecer una enfermedad mental o una red de dificultades emocionales que parecen insuperables para los nuevos y los no iniciados.

Puede ser bastante difícil orientarse, incluso si se ha estado esperando este día durante años. Todo lo que sabrá es que algo realmente extraño le está sucediendo. De hecho, hay historias de casos de la vida real donde las personas que han tenido Despertares de la Kundalini no han podido lidiar con ello y han sido internados e incluso adictos a las drogas impulsados por los miedos e inseguridades.

## Beneficios y cambios por esperar con el despertar de la Kundalini

Una mayor gama de emociones y sentimientos: Una de las primeras cosas que experimentará con el despertar de la Kundalini es que su gama de emociones, tanto en intensidad como en número, aumentará significativamente. Así, se encontrará capaz de sentir incluso las emociones más sutiles en su mente. Por ejemplo, si está en un área concurrida, podrá escuchar los sollozos de alguien que llora de dolor en algún lugar de la multitud y que nadie más ha notado. El espectro de su experiencia emocional se multiplicará.

Además, se sentirá energéticamente sensible. A medida que camina por la calle, sin querer, absorbe todo tipo de energías emocionales. Esta experiencia puede ser muy inquietante, considerando que las emociones que absorbe no se limitan a las positivas. Estos sentimientos no son realmente suyos sino de otras personas, y, sin embargo, se sentirá profundamente conectado a estas emociones. Sí, eso le perturbará por un tiempo hasta que haya aprendido a trazar límites saludables y a manejar el talento recién descubierto.

Su vida cambiará para siempre: El despertar de la Kundalini le enseñará lecciones que nunca soñó. Los niveles de energía en su cuerpo, mente y espíritu aumentarán a niveles inimaginables. Su vida después del despertar va a ser muy diferente de lo que era antes. Y ahí reside la dificultad de hacer frente, especialmente en los primeros días.

Prepárese para un tremendo cambio cuando encuentre que la ley de atracción funciona de manera más directa que antes. Encontrará el universo satisfaciendo sus necesidades incluso cuando lo piense. Su capacidad para discernir y seguir su propósito de vida recibirá un gran impulso. La vida le apoyará en cada paso del camino.

Se encuentra más cerca del ser divino universal: Una razón por la que la vida nunca será la misma es que se encuentra cerca del ser divino universal al que llamamos Dios, Shiva, o por cualquier otro nombre. Sentirá y experimentará la cercanía con el espíritu divino, y sus anteriores creencias erróneas sobre el Ser Supremo se fundirán en la nada.

El mayor beneficio del despertar de la Kundalini es que aprenderá que hay mucho, mucho más en la vida que el nacimiento, sobrevivir a su vida, y luego morir. Verá que no es más que una mota en este poderoso y vasto universo. Sin embargo, sentirá una conexión distinta y profunda sabiendo que usted es de esa misma raíz.

## Sugerencias para superar los desafíos del despertar de la Kundalini

Identificar, aceptar y abrazar lo que le está sucediendo: Este es el primer y, sin embargo, uno de los pasos más difíciles de dar cuando su Kundalini se despierta y se siente extraño y desconocido con todo lo que sucede en su vida. El mayor golpe que recibirá con la subida de la Kundalini es que su ego se hará añicos.

Aunque es algo muy importante, en las etapas iniciales, el no tener ego creará problemas porque nunca ha tenido que vivir sin él. Por lo tanto, el funcionamiento normal de la sociedad se verá comprometido. De hecho, se sabe que las personas con tales experiencias han dejado sus trabajos porque no podían soportar lo que estaba sucediendo.

Además, su mayor sensibilidad a la luz, los sonidos y todas las sensaciones pueden volverle loco. Los filtros de percepción que tenía antes pueden desaparecer, y puede ser una experiencia aterradora al principio y hasta que lo acepte.

Recuérdese de no luchar contra esta extraña experiencia. Abrácela y permítase experimentar la extrañeza y la falta de familiaridad de forma completa y total. Encuentre sus propias formas de abrazar la nueva vida. Solo cuando usted la abraza puede usar los poderes que vienen con el despertar de la Kundalini de manera efectiva y sensata.

Busque ayuda profesional: Este es un primer paso importante que debe dar. Si ya está aprendiendo Kundalini Yoga de un gurú o instructor, entonces debe ponerse en contacto con él o ella cuando se sienta raro o experimente cosas desconocidas en su vida. Si está intentando algo por su cuenta y tiene problemas, entonces busque un guía o mentor local que le ayude.

Si vive en una parte remota del mundo, entonces trate de encontrar a alguien a través de Internet. Desde una perspectiva espiritual, despertar la Kundalini es como despertar una parte desconocida de su alma, y no sabe qué esperar. Por lo tanto, a veces, un guía religioso como un rabino o un sacerdote podría ayudar.

El truco está en encontrar a alguien que entienda este aspecto central de la experiencia humana y que le guíe a través de las experiencias extrañas y difíciles.

Busque ayuda profesional para sus efectos físicos, mentales y emocionales también: Espiritualmente, podría ser feliz y estar en las nubes. En este estado, tiende a ignorar los aspectos físicos, mentales y emocionales de su vida, considerando que estará totalmente atrapado en el torbellino de su episodio del despertar de la Kundalini.

Para sus necesidades físicas, encuentre un médico que entienda la conexión entre la mente y el cuerpo y que sepa qué tipo de herramientas de diagnóstico debe utilizar para mantener su cuerpo en bienestar físico. Si se encuentra mentalmente inestable, busque la ayuda de un terapeuta profesional en el campo de la psicología y/o la psiquiatría. Este profesional también debe ser capaz de entender que hay aspectos del mundo humano que van más allá de la mente sutil.

A veces, incluso puede ser necesario recetar medicamentos para ayudarle a superar las dificultades derivadas de ciertas experiencias. Un enfoque práctico de la experiencia del despertar de la Kundalini es fundamental. Sepa que es probable que se encuentre en algún reino sobrehumano, y con toda la lectura que ha hecho sobre el despertar de la Kundalini, recuérdese a sí mismo que debe permanecer anclado incluso en ese estado y buscar la ayuda de personas que puedan ayudarle a aprovechar el poder desatado de forma sensata.

**Obtenga claridad mental y manténgase con los pies en la tierra:** Con la ayuda de profesionales, asegúrese de tener claridad mental en y sobre lo que está pasando en su vida. El despertar de la Kundalini tiene sus raíces en la espiritualidad, pero afecta a todo en nuestras vidas. Su ADN se reconfigura para que su cuerpo y su mente tengan mayores capacidades para manejar el flujo extra de prana que es un resultado automático del despertar de la Kundalini. Por lo tanto, necesita tener una inmensa cantidad de claridad mental para manejar su vida.

Deje de consumir alcohol y otros intoxicantes por completo. Si está metido en drogas, eso tiene que parar inmediatamente. De lo contrario, estará arriesgando su cordura. Incluso los alimentos que ingiere deberán recibir su atención. Deshágase de todo tipo de alimentos procesados. Incluya carnes magras, vegetales de raíz y frutas y nueces para ayudarle a mantenerse en forma.

Asegúrese de hacer ejercicio regularmente. Conectarse físicamente con el elemento tierra a través del ejercicio físico es una gran manera de mantenerse en forma. Cuidar de su salud física es la base para mantenerse en tierra y su mente clara y preparada para manejar la enorme absorción de energía que viene con el despertar de la Kundalini.

Conecte con personas afines: Tener un grupo de personas con las que pueda hablar de sus experiencias es una gran manera de ayudarle a manejar los momentos difíciles. Hay muchos grupos de apoyo que puede encontrar en línea. Únase a un grupo y discuta sus problemas con ellos. Incluso si no está seguro de hablar con amigos recién fundados sobre sus extrañas experiencias, puede escuchar sus experiencias y conectarse con ellos.

Hablar con otras personas que piensan como usted le ayudará a entender que no está solo en este mundo. Hay otros que están por delante de usted en el campo, y hay otros tratando de ponerse al día. Este conocimiento le da un profundo sentido de pertenencia a una comunidad unida por un objetivo común. Compartir las experiencias de los demás será de gran ayuda.

Además, encontrar ayuda profesional en tales grupos también es fácil. Alguien u otro ya habrá marcado un camino en esta dirección. Solo tendrá que seguirlo.

**Consiga una rutina de práctica diaria en su lugar:** Si no tiene ya una práctica diaria de Kundalini Yoga, entonces comience una de inmediato. La práctica diaria de kriyas es una gran manera de mantenerse en tierra y también aumentar su capacidad de manejar los canales de energía recién abiertos de manera sensata y bien. Puede ser una buena idea evitar la meditación en los primeros días del despertar de la Kundalini porque puede volverse intensa, y podrías estar en una posición en la que el poder de la liberación de energía es mayor que tu habilidad para manejarla.

Las asanas de yoga y las kriyas son geniales. Además, incluye escribir un diario todos los días, asegurando que todas sus experiencias estén documentadas. Escribir un diario no solo es un excelente método para crear una referencia para el uso futuro, sino también una manera de sacar sus pensamientos fastidiosos y temerosos de su cabeza, al menos por un tiempo.

**No pare de aprender sobre la Kundalini:** El tema es vasto e ilimitado. Cuanto más aprenda, más información nueva obtendrá. No solo esto, sino que también puede interpretar el viejo conocimiento de nuevas maneras, permitiéndote manejar los temas con métodos innovadores a medida que incluya estas nuevas lecciones en su vida.

Recuérdese que su experiencia es nueva y especial para usted. Sin embargo, no es único. No es único en su tipo. La serpiente Kundalini yace inactiva en todos los humanos. Ha tenido la fortuna de aprender sobre ella y despertar su poder. Ha habido gente antes que usted que lo ha hecho, y habrá otros que lo harán también en el futuro.

Estos humildes recordatorios son excelentes factores de base y también le impiden tener ideas y pensamientos grandiosos sobre usted mismo. Cuando es práctico y realista sobre las experiencias relacionadas con el despertar de la Kundalini, su capacidad para aprovechar sus poderes de manera útil, productiva y sabia mejorará significativamente.

La experiencia de un despertar de la Kundalini es dolorosa y agonizante, pero altamente gratificante en todos los aspectos. Toda su vida verá y sentirá sus beneficios positivos a medida que viva su vida más significativamente y más profundamente conectada con el universo que antes. La gente a su alrededor se verá impactada positivamente a medida que se sienta atraída y aprenda del aumento del aura que le rodea a usted.

La voluntad de lo divino no puede ser realmente suprimida. Cuanto más se aleje de su vida, más duro le perseguirá. Por lo tanto, independientemente del dolor y las dificultades que se presenten en su camino, abrazar la vida tal y como viene a usted es la mejor y más efectiva manera de vivir. Si se ha visto obligado a leer y aprender sobre la Kundalini, entonces esta parte de su vida inevitablemente tendrá lugar. Podría tomar más tiempo del que pensaba. Puede ser más difícil de lo que creía. Pero la experiencia ocurrirá porque está diseñado kármicamente para experimentar el despertar de la Kundalini.

# Conclusión

El universo es solo una expansión ilimitada de energía. Su vida también es un paquete de energía. Todo lo que hacemos, decimos o realizamos y cada interacción con los demás, etc., son todas formas diferentes de energía. El Kundalini Yoga está diseñado para despertar la energía Kundalini dormida dentro de usted. Una vez despertada (de la manera correcta y a su propio ritmo), el poder aprovechado de la Kundalini puede tener enormes impactos positivos en todos los aspectos de su vida.

Recuerde que sus pruebas y tribulaciones de la vida no desaparecerán cuando despierte su Kundalini. Sin embargo, esta energía despierta le guiará perfectamente a través de todos sus problemas, asegurando que no solo tenga un viaje suave, sino también una vida profundamente significativa y satisfactoria.

Sin embargo, puede suceder en los momentos más inesperados porque no está bajo su control. Incluso ahora, podría tener dudas como, "He estado tratando de despertarla durante años, y nada parece estar sucediendo". Para algunas personas, los bloqueos de energía podrían ser eliminados con un simple ejercicio, mientras que, para otros, un esfuerzo más complejo y persistente podría ser necesario.

Tenemos múltiples cuerpos sutiles, y la Kundalini tiene que pasar a través de todos ellos para elevarse y permitirle sentir su pleno impacto. A veces, por casualidad, la Kundalini puede parecer que se ha abierto. Sin embargo, tales despertares superficiales nunca pueden hacer el trabajo completo.

Por lo tanto, recuerde persistir, y su paciencia será recompensada. Lo interesante es que la recompensa nunca puede ser explicada completamente por nadie. Lo que siente y experimenta cuando su Kundalini se despierta es solo suyo. Todas las teorías que lea se irán por la ventana cuando esta experiencia le golpee personalmente. Una de las lecciones más importantes que hay que aprender cuando se trata de teorías y prácticas más allá del reino, es que solo podrá darse cuenta de las lecciones cuando las experimente por sí mismo. Esa es la única manera.

# Segunda Parte: Shakti

*La Guía Definitiva para la Exploración de la Energía Divina Femenina, Incluyendo Mantras y Consejos para Obtener el Poder de la Diosa a Través del Yoga*

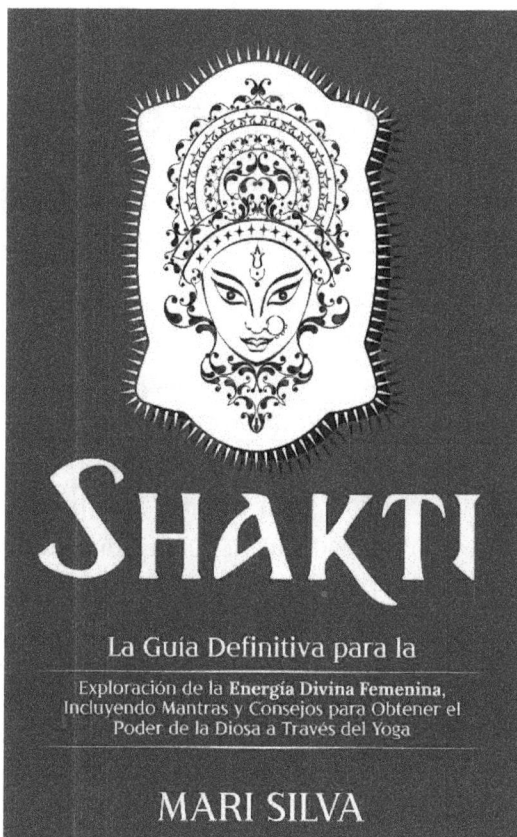

SHAKTI

La Guía Definitiva para la

Exploración de la **Energía Divina Femenina**, Incluyendo Mantras y Consejos para Obtener el Poder de la Diosa a Través del Yoga

MARI SILVA

# Introducción

Shakti es, en la tradición hindú, el Poder Femenino Supremo. La Madre Divina de toda Creación y la protagonista de este libro.

La feminidad y el poder femenino siempre han fascinado a gente de todo el mundo. La misteriosa feminidad que impregna todas las culturas transmite la idea de que hay algo profundo en nosotros que, a su vez, guarda una fuerte conexión con la mujer. No es extraño que la tradición Shakti siga siendo popular en el subcontinente indio. Según esta tradición, la suprema creadora de la realidad es una diosa y todo lo demás es una simple fachada, o bien una obra del poder femenino supremo. Shakti es el Universo y la Creación. Sin Shakti, el mundo sencillamente no podría existir. Todo ocurre gracias a ella, y todo está bajo su control.

Muchos mitos de la tradición Shakti han prevalecido. Algunos la temen, mientras que otros creen que está relacionada con sacrificios humanos. La mayoría de estos mitos proceden de la proyección occidental de la cultura india, como se aprecia en Indiana Jones y otros éxitos de la cultura popular de occidente. En realidad, Shakti es una celebración de la Madre Divina, quien crea y controla el mundo. La unión de Shiva y Shakti es la responsable de la creación.

Este libro contiene teorías tanto básicas como avanzadas del Shakti. Ofrece una historia detallada de la secta y su prevalencia en el taoísmo, el budismo y el hinduismo, centrándose en cómo ha llegado a ser una parte esencial de la religión tibetana.

En la tradición Shakti se adoran a varias diosas que, a su vez, tienen diversas formas. Si bien es imposible abarcarlas todas, este libro sí incluye descripciones breves de las Diosas Tántricas o Dasha Mahavidyas, Dakinis, Chausath Yoginis, etc. De este modo, se centra tanto en las diosas "benignas" como en las "oscuras".

Kundalini es una parte importante de la tradición Shakta. Kundalini, o la serpiente enrollada, es un "chakra" presente en la base de la columna. Se trata del más importante de todos los chakras, pues sostiene la energía cósmica. Permanece dormido, pero, cuando se activa, puede liberar una sensación sublime que se asemeja a sentir una corriente eléctrica a través del cuerpo. En la tradición Shakta, Kundalini representa a la Madre Divina Adi Parashakti o Kubjika. Es la Madre del Universo que rige el Kundalini. Este libro detalla los principios básicos del Kundalini y las diversas formas de activarlo, siendo el yoga el principal método para ello. También se detalla información básica del yoga, especialmente de la modalidad Ashtanga.

Maya y Shakti están relacionadas entre sí, aunque también son conceptos distintos y opuestos que demuestran la dualidad de la filosofía y la tradición india. Un pequeño capítulo dedicado a esta dualidad, junto con Chitta Shakti, le ayudará a entender la compleja naturaleza y la prevalencia de Shakti.

Este pequeño libro informativo le introducirá en el fascinante mundo de los dioses y diosas hindúes y budistas. Vivimos en un mundo en el que a veces nos maravilla y otras nos desconcierta, y los antiguos sabios de la India intentaron comprenderlo, llamando al místico mundo de la deidad para que los ayudara y protegiera. Es a través de antiguos textos desenterrados que estas divinidades han vuelto a la vida.

La Divina Madre o el Poder Femenino Supremo se percibía como la más importante de las diosas; una fuerza de energía que es a la vez benevolente y vengativa. Cuando enfurece, es aterradora. Cuando está en paz, es la Madre de la creación y protege al universo. Se llama Shakti, adorada a lo largo y ancho de India y de toda la religión hindú. Es ella quien protagoniza las páginas de este libro, guiando a quienes la adoren y llamen por su nombre.

Para poder despertar al poder Femenino Supremo, sabios, gurús y maestros han guiado a sus discípulos en el camino a la iluminación durante siglos. Estas prácticas siguen presentes hoy día en el yoga, su simbolismo y la adoración de iconos y estatuas. Este libro embarcará a estudiantes, maestros, practicantes y curiosos en un viaje al fascinante mundo del Shakti. El culto a Shakti y la tradición del Yoga se discutirá en términos sencillos y cuentos fascinantes (Puranas) que le inspirarán.

# PRIMERA PARTE: Shakti en la Tradición Shakta

# Capítulo Uno: El Culto a Shakti en la India y el Tíbet

## Orígenes

Shakti es la personificación de una diosa que adopta muy diferentes formas y es, además, la creadora del universo, la energía creativa y el poder del que brota toda vida. Shakti es el poder que creó a Shiva, el dios más poderoso del hinduismo. Se cree que, sin el poder de Shakti, Shiva no habría sido más que un recipiente vacío y desprovisto de poder; un cuerpo sin vida. Dicho de otro modo, Shakti es la Madre de la Creación, el Poder Divino.

Para comprender mejor el culto a Shakti es útil saber que, desde tiempos remotos, todas las civilizaciones han adorado a dioses y diosas. En el caso de las civilizaciones occidentales, los ejemplos más notables son las divinidades de las antiguas Roma, Grecia y Egipto. Por ejemplo, en la mitología romana, Juno es la diosa más poderosa, y en la griega se convierte además en la esposa de Zeus. También es conocida por ser la diosa del matrimonio y el parto (Juno Regina). En la mitología egipcia, Isis es conocida como la Madre de Todos los Dioses. No solo dio a luz a los mortales, sino también a las divinidades. Shakti, al igual que todas estas diosas, es a la vez benigna, generosa, malévola y vengativa, y está considerada la Madre Divina.

En diversas culturas y tradiciones, las diosas son descritas como creadoras y destructoras de mundos; de ahí que la naturaleza sea percibida, en la mayoría de las tradiciones, como una entidad femenina. El término "madre naturaleza", la fuerza que brota del centro del universo, sigue usándose hoy en día. Mientras los humanos siguen maravillándose ante el milagro del nacimiento y el renacimiento natural de cada primavera, los mortales también sufren de vez en cuando el caos que la naturaleza crea en forma de huracanes, erupciones volcánicas, terremotos, diluvios y enfermedades.

Así pues, el shaktismo es un culto hindú centrado en la energía vital que sitúa a la Diosa Divina como centro del universo. Como fuente de toda energía, adopta formas muy variadas y nombres muy distintos. La tradición ya aparece mencionada en antiguos textos del hinduismo, pero sigue celebrándose en festivales populares de Assam y Bengala Occidental. Muchas imágenes de diosas pueden verse en templos de la India.

En el hinduismo, Adi Shakti también es conocida como Para Shakti (Prakriti) y "Mahamaya, la que crea la ilusión de este mundo", y por lo tanto la que puede también librarnos de dicha ilusión (Amar Chitra Katha, 2008, p. 1). Ciertamente, en el período antiguo de la tradición hindú, Adi Shakti era la divinidad más adorada. Nutría a sus hijos y los cubría de bendiciones. Según la tradición hindú, si bien hay muchas diosas en el panteón, todas son manifestaciones de las distintas formas y atributos de Shakti, que representa el intelecto y la compasión. Es meticulosa y compasiva, pero también violenta y vengativa.

Si Adi Shakti es la conciencia, se trata de una conciencia dividida, pues una parte es masculina y la otra femenina. De este modo, Shakti es fuerte, poderosa, amable y caritativa. Ninguna parte puede existir sin la otra. La conciencia masculina es, según

Pushkar Mahatta, 2017: mundo, habilidad, concepto e hilo. La femenina (Prakriti) es significado, inspiración, acción y electricidad. El concepto de la Madre Divina se remonta a los tiempos del paleolítico en la India. Durante el período védico se convirtió en un aspecto más débil de la tradición, pero volvió a emerger con las tradiciones sánscritas. Es interesante que, al igual que les sucedió a muchas otras diosas en diversas tradiciones culturales, acabó convirtiéndose en la consorte de otros dioses poderosos que acaban relegados a una importancia secundaria. En la India moderna, la Madre Divina ha sido restaurada. Existen muchas imágenes de santos y gurús femeninos, y en cualquier parte de India se puede ver a Adi Shakti con muchas observadoras, lo que sugiere que la adoración de las diosas no es tanto un culto moderno como una auténtica religión. A lo largo de la historia india, la Madre Divina se manifestó en una miríada de diosas y recibió un sinfín de nombres a medida que su papel en el tiempo y la cultura se diversificaba.

# Cronología

### Período Védico (1500-600 a. C.)

En este período de la historia india se percibe el debilitamiento del poder de las diosas según la percepción popular. Se convirtieron en consortes de otros dioses más poderosos. Tres diosas (Prithvi, Aditi y Saraswati, las Madres Divinas) fueron adoradas en este período, y en el arte hindú pueden verse imágenes de Aditi durante siglos. La imagen familiar de Aditi aparece como una diosa con una cabeza sin rostro en forma de loto y las piernas separadas en posición de parto. La imagen muestra a Aditi dando a luz a la tierra y el cielo. En este período también estuvieron presentes Saraswati (Vac) y Lakshmi (Sri). Estas dos diosas son importantes porque, al igual que Prithvi, siguen siendo adoradas en el himno "Devi Sukta". Representadas como las Reinas Soberanas, se cree que estas divinidades se manifiestan en todas las diosas que dan vida a la tierra.

## Upanishads (750 - 500 a. C.)

Durante este período aparece la trinidad de los dioses Agni, Indra y Vayu. Su historia es de poder divino y victoria contra hordas de demonios. Sin embargo, es Devi quien suele ser percibido como el más poderoso, el "poder esencial" que permitió a las diosas derrotar a los demonios. Mientras celebraban su victoria, un espíritu del bosque (yaksha) les despojó de su divinidad. Cuando Indra preguntó quién era el espíritu, supo que se trataba de Brahman quien les había dado el poder necesario para derrotar a los demonios. Brahman es la fuente de todo lo que existe y lo que no, y en la fe hindú se le percibe como la única fuente de toda existencia. Esta historia tiene paralelismos con la de Eva y Adán en la biblia, pues supone la pérdida de la inocencia y el momento en que Eva ve la realidad de la verdad divina, al igual que le ocurre a Indra.

## Período Épico (400 - 200 a. C.)

Los textos religiosos confirman que hubo un culto Shakta a lo largo del siglo IV a. C., aunque solo se hizo evidente dos siglos después. Sin embargo, hay muchas referencias a varias diosas del panteón (un conjunto de dioses y diosas). Durga era la diosa central, representada como una amante del vino y la carne, y adorada como la "Diosa de los Cazadores". Lo más importante es que de este culto en particular surgió la idea de la casta, con lo que se trata de un período importante de la historia de India. En esta época, Devi está representada como una combinación de varias diosas, convirtiéndose así en el Principio Femenino (Shakti). Muchos textos importantes revelan el culto del Principio Femenino en la forma de Parvati, Saraswati, Lakshmi y muchas otras, si bien son todas representaciones de la todopoderosa Devi con distintas características.

## Período Puranas (Gupta) 300 – 600 d. C.

En este período, los Puranas constituyen la fase central de la evolución del shaktismo. Estos textos y cuentos religiosos son muy importantes, ya que revelan aspectos cruciales de la religión hindú y el culto a las diosas. En los Puranas puede apreciarse la filosofía del hinduismo, junto con sus mitos y sus adoraciones. También arrojan algo de luz a las ceremonias y festivales que después dieron forma al hinduismo moderno. Los Puranas son historias épicas del Shakti. El diablo Purana habla de Pakriti (el creador de la tierra). Markandeya, Devi-Bhagavata y Brahmanda Purana forman la base de las escrituras Shakta, de las cuales emergería el culto del Principio Femenino, según el cual la diosa recuperaba su puesto de poder entre dioses. Shiva y Vishnu, los dioses más poderosos, quedaron subyugados en el sistema de dominación femenina. Todo esto pasó a ser conocido como shaktismo. A finales del primer milenio, el shaktismo se había convertido en la religión más importante en el norte y el sur de la India.

## Tantras: Manuales de Rituales (Siglo VII – Siglo XIX)

El shaktismo se vuelve más complejo durante este período para quienes no pertenecen al hinduismo o el budismo. En términos sencillos, un tantra es el cumplimiento de un texto místico. Tanto en el hinduismo como en el budismo, la práctica de dicho cumplimiento implica la meditación, los mantras de yoga y los rituales. El gurú o maestro de la doctrina sigue una senda personal que queda demostrada persiguiendo su propia madurez espiritual en la religión Shakta. Así pues, el auge de los Tantras se filtró en las prácticas de la religión hindú hasta la actualidad.

## Período Moderno

El shaktismo está ahora salpicado de hinduismo. Fue una religión muy extendida, y debe parte de su actual popularidad a la película "Jai Santoshi Maa", estrenada en 1975. Para sorpresa de muchos tertulianos sociales, la película fue un éxito enorme en taquilla. En ella se presenta el mundo de los dioses en el que nació

Santoshi Maa, la Diosa de la Satisfacción, así como el reino terrenal en el que nación Satyavati, el mayor devoto de Santoshi Maa. Con la ayuda de su "Madre Divina", Satyavati desafía a la sociedad patriarcal reflejada en el mundo de los dioses. Para muchos hindúes, este fue el primer contacto con el mundo místico de los dioses y las diosas, lo que motivó una enorme resurgencia del culto e inspiró multitud de peregrinajes a santuarios de todo el país. Según algunas fuentes, hasta cinco millones de personas peregrinaron al Vaishno Devi de Cachemira en 2007. La influencia de Shakta ha terminado por reintroducir a gurús y mujeres santas en las religiones hinduistas y budistas. Las páginas web, los vídeos devocionales y las publicaciones de Shakti proporcionan un camino de conocimiento e iluminación para los habitantes de la India y del resto del mundo.

### Iconología

Como en la mayoría de las religiones, los iconos son tremendamente importantes en el Shakti. Proporcionan una imaginería clave en la meditación, así como claves psicológicas para desentrañar el verdadero significado de la alineación entre nosotros y el universo. Cada característica de Shakti representa a una diosa que aparece ante nosotros con una forma simbólica. Las imágenes de las diosas que decoran templos y hogares en la India y el Tíbet consolidan el poder de la iconología. El triángulo convergente, muy reconocible en la tradición del yoga, representa al hombre y la mujer entrelazados entre sí: uno no puede existir sin el otro. Pero los triángulos significan mucho más. A nivel más profundo, son símbolos de la conciencia y la energía transformativa. El triángulo que apunta hacia abajo no solo representa la creación (la vagina femenina); también representa la energía transformativa. El triángulo que apunta hacia arriba representa la conciencia. Además de recibir adoración, este símbolo se utiliza en tatuajes y otras formas de arte decorativo. Shakti se manifiesta en diversas apariencias y nombres, pero la iconología siempre significa poder, energía, amor y creatividad.

## Shakti

Shakti es la diosa de toda creación; un símbolo de fuerza, destreza, aptitud y poder. Su fuerza trae también energía, la más importante de todas las cualidades divinas. Sus símbolos son el loto, los amuletos mágicos y el número seis. En la cultura tibetana, Shakti es el poder femenino definitivo. Cuando estamos en peligro, es ella quien acude a nuestro rescate. Su energía transformativa es una fuerza de cambio, pero cuando se le llama, Shakti viene a nosotros con amor.

## Durga

La imagen de Durga, consorte del dios Shiva, es común en toda la India. Es una representación poderosa del poder femenino y la creación. En algunas imágenes aparece representada con muchos brazos, que son símbolos del poder divino. Se la puede ver sosteniendo el Chakra, una rueda giratoria que simboliza la rectitud. En el yoga, representa las ruedas de energía girando en nuestro cuerpo. En una mano sostiene una concha, símbolo de la felicidad, mientras que en la otra tiene un tridente, símbolo del coraje. También suele aparecer sentada sobre un león, otro símbolo de valentía. El arco y la flecha que sostiene en otra mano representan el carácter; el loto, desapego; y la espada, discriminación. El garrote representa el amor y la lealtad, y el color rojo es simbólico de la pasión.

## Parvati

La diosa hindú Parvati ("Uma" o "Gauri" en sánscrito) es la diosa del amor, la harmonía, los niños, el matrimonio, la fertilidad y la devoción. Es la auténtica madre de la creación. Cada aspecto de su carácter le proporciona muchos nombres, lo que puede resultar confuso para quienes acabe de empezar su viaje espiritual. Se dice que tiene más de mil nombres. Parvati forma parte del triunvirato (o trinidad) de las diosas femeninas, junto con Saraswati y Lakshmi. Parvati es la segunda mitad del dios Shiva, y aunque es solo su consorte, también es muy poderosa. Simboliza la energía de Shiva y su poder creativo. Su iconografía está presente en templos hindúes del sureste y el sur de Asia.

### Adi Shakti

La historia de Adi Shakti representa la creación del universo. Al principio, había un vacío. Después, poco a poco, una luz emergió en la forma de Adi Shakti, que lleva una espada, un chakra, un escudo, un arco y una flecha. Una de sus manos está a la altura de su hombro y su codo se dobla a la par que la palma de su mano apunta hacia adelante. Este mudra es conocido como el Abhaya Mudra, y representa la calma, la paz y la protección. Cuando Adi Shakti miró a su alrededor, no podía ver nada. Adquirió entonces la forma de Kushmanda y se sentó sobre un león. Cuando abrió su ojo izquierdo, nació Mahakali. Al abrir el ojo central, nació Mahasaraswati. Finalmente abrió su ojo derecho para que naciera Mahalakshmi. Antes de abrirlos, esbozó una leve sonrisa que dio a luz al universo.

Adi Shakti es el símbolo sagrado de la feminidad. Podemos verlo en ilustraciones, templos y joyas. Adquiere la forma de una mujer solitaria cuyos brazos se doblan grácilmente hacia el cielo, sosteniendo el mundo. Es una imagen de divinidad, y el símbolo se utiliza para desbloquear el infinito poder sagrado de nuestra feminidad.

Como puede observarse, Shakti, la Diosa de la Creación, es una poderosa energía y un amor divino que se manifiesta en diversas diosas con distintos nombres. En algunos textos religiosos antiguos se dice que Shakti proclamó: "Y así, los dioses me han asentado en muchos lugares, muchos hogares en los que entrar y permanecer" (VedicFeed, 2020).

## La Adoración a Shakti en la India y el Tíbet: El Culto Tras la Fuerza de la Creación y la Destrucción

Como se ha indicado antes, Adi Shakti creó los universos con paz y amor. La Madre Shakti acude a nosotros cuando tenemos problemas. Es la protectora de los inocentes. A partir de Shakti se manifiesta Kali, la destructora del mal. Como creadora de sus universos, Kali no se detendrá ante nada para proteger a sus hijos. A lo largo de la historia, Kali ha sido una de las diosas más adoradas, pues acabó encontrando su lugar en textos sagrados tántricos y numerosos movimientos devocionales. Kali es una diosa emocionante e inspiradora, así que no es sorprendente que muchos movimientos en la India y el Tíbet la consideren madre divina y protectora de toda su creación. Algunas imágenes la muestran encima de Shiva, su consorte, o bien postrada ante sus pies o bailando sobre él. Kali tiene el aspecto de una mujer con la piel oscura y ojos enloquecidos. En una mano sostiene una espada de la que gotea sangre. Otras imágenes la muestran sosteniendo la cabeza cercenada de un demonio. Una historia cuenta que mató a cientos de monjes budistas en un arrebato homicida. Según algunos, sus estatuas o imágenes no comparten el mismo altar con estatuas de Buda. Adorada a lo largo de Nepal e India, Kali aparece en algunas historias como la destructora de dos demonios, Munda y Chanda, que atacaron a Durga. Tal fue su enfado que su rostro se volvió negro y Kali se manifestó en su frente. Apareció envuelta con ropa de un azul muy oscuro y una grotesca guirnalda de calavera humanas. Sus ojos hundidos brillaron con rabia y destruyó a ambos demonios. En otra batalla con el demonio Raktabija, lo mató chupando su sangre antes de que pudiera caer al suelo. Para hindúes y budistas, Kali es la personificación furiosa y destructiva de Durga. Esto contrasta totalmente con Parvati, a quien se la adora como diosa de la paz, la armonía, la devoción, la fertilidad y el amor. Es una fuerza de creación, mientras que Kali es una fuerza destructiva.

El culto a Shakti ha experimentado un renacimiento en tiempos modernos, no solo en la India, sino en el resto del mundo. Los templos de Shakti atraen a grandes multitudes, y otros muchos peregrinan a lugares sagrados. En 2004, el templo de Meenakshi Amman entró en la competición por elegir a las nuevas siete maravillas del mundo. Su culto se ha extendido desde la India y el Tíbet, y ha acabado por encontrar su lugar en la vida de personas a lo largo y ancho del globo.

# Capítulo Dos: Shakti en los Puranas Hindúes

## Los Puranas Hindúes

Las referencias a los Puranas (sánscrito) son habituales en el Shakti. Se trata de unos textos religiosos hindúes de lo más fascinante. Al igual que las antiguas leyendas occidentales, los Puranas relatan la creación del universo y describen cómo podría ser destruido. Es la historia de dioses y diosas que hacen avanzar las estaciones, crean a la humanidad y protegen al universo. Los Puranas hablan de héroes intrépidos, de reyes y hombres sabios. Las filosofías hindúes emergieron de esta narrativa y, sobre todo, reforzaron el sistema de orden social basado en castas. Como introducción, y también como recordatorio para los seguidores de la Divina Diosa Shakti, nos adentraremos en el mundo de las deidades femeninas tal como lo describen los Puranas.

# Annapurna

Annapurna, la diosa hindú del alimento y la nutrición, es una deidad muy popular en el hinduismo. Las ofrendas de comida son muy elogiadas en India, así que el culto a esta diosa es común en toda la población. Se manifiesta como Parvati, la divina madre nodriza. Consorte Shiva, cuenta con uno o dos templos dedicados a ella. El más conocido es el Annapurna Devi Mandir en Varanasi.

## La Historia de Annapurna

Puede parecer una sorpresa, pero incluso a las divinidades les gusta jugar a los dados. Al principio de la historia, Shiva y Parvati están jugando a los dados en su hogar, el monte Kailasha. Parvati se aburre, así que Shiva sugiere hacer el juego más interesante. Los ojos de Shiva se fijan en su Tridente, así que le sugiere a Parvati que ponga sus joyas junto al Tridente y, quien gane la próxima partida, se quedará con las ambas cosas. Para consternación de Shiva, Parvati gana la primera ronda. Shiva está convencida de que solo ha ganado por la suerte del principiante, así que apuesta también la serpiente que siempre tiene enrollada en su cuello. Parvati gana de nuevo. Ahora Shiva empieza a preocuparse, pero apuesta también su cuenco de calavera. Parvati mantiene su suerte y le gana de nuevo. Tras varias tiradas de dado, Parvati acaba ganando todas las posesiones valiosas de Shiva. El dios Vishnu observa lo ocurrido y le dice a Shiva que, si jugase otra ronda, podría recuperar todas sus posesiones y arrebatarle a Parvati las suyas. Shiva convence pues a Parvati para jugar una última ronda y recupera todo cuanto había perdido. Parvati sospecha que Shiva ha hecho trampas y se produce una amarga discusión que llega a oídos de Vishnu, quien le confiesa a Parvati que había trucado los dados con su espíritu. Shiva interpreta la confesión de Vishnu como la prueba de que todo lo material es una ilusión. Nada es real, solo temporal. Incluso nuestra comida es temporal; nada más que una ilusión.

Obviamente, a Parvati no le agradó esto. Estaba furiosa: después de todo, ella era la madre de todas las cosas materiales, incluida la comida. Le preguntó a Shiva si ella era también una ilusión, y se enfadó tanto que abandonó a Shiva tras gritarle que no sobreviviría sin ella. Cuando Parvati desapareció, la naturaleza se detuvo. No hubo primavera, otoño ni invierno. De hecho, hubo un verano perpetuo. La tierra quedó pronto estéril y, tras una larga y cruel sequía, la gente empezó a morirse de hambre. Todos rezaron para pedir comida y agua. Parvati no soportó esta situación, así que se manifestó como Annapurna, Diosa del Alimento, y distribuyó comida en la ciudad de Varanasi. Shiva corrió a ella con su platillo de mendigo y le rogó clemencia. Aprendió una lección importante: la comida no es una ilusión, pues alimenta a cuerpo y alma. [Reena Puri, 2018]

Y, así pues, desde entonces, la diosa Parvati es adorada en la India y el Tíbet como Annapura, la Diosa del Alimento.

## Los Textos Puranas

Los Puranas aparecieron en el período Gupta (siglos IV – VI d. C.), cosa que sabemos porque buena parte de las obras fueron referenciadas posteriormente con sus períodos históricos. Los textos fueron compilados a lo largo de toda India hasta convertirse en una colección de narraciones históricas. Sin embargo, debido a las dificultades a la hora de categorizar las similitudes, suelen leerse como una narrativa conjunta de historias. Se cree que estos cuentos se transmitían oralmente antes de quedar escritos. Se acepta también que, al igual que ha ocurrido con otros textos históricos, los Puranas han sido modificados y alterados al paso de los siglos.

Se cree que Vyasa, un antiguo sabio y maestro original de Krishna Yajur-Veda, fue quien compiló por primera vez los Puranas. El Krishna Yajur-Veda es un ritual de ofrenda basado en un conjunto de reglas dispuestas por un sacerdote y representadas por quien desee realizar el ritual. Académicos y estudiosos han estudiado los Puranas en profundidad, al igual que han hecho organizaciones como el All India Kashiraj Trust. Los Puranas siguen siendo una importante narrativa religiosa, y en sus mitos se identifican cinco áreas importantes que también aparecen en escrituras tradicionales de otras religiones y que son fácilmente reconocibles para quien esté interesado en las mitologías divinas del mundo. Se trata de la creación del universo (Sarga), la genealogía de sabios y dioses (Vamsa), la historia de los patriarcas del sol y las dinastías de la luna (Vamsanucaritam), las creaciones secundarias (Pratisarga) y la creación de la humanidad (Manvantara).

# Bhramari

Otra encarnación de Shakti es Bhramari, una diosa fascinante que juega un papel importante en la tradición hindú. Es la Diosa de las Abejas Negras. Se dice que todas las abejas, avispas y abejorros la siguen a todas partes. Como símbolo de la fuerza y la energía, tiene cuatro manos en las que sostiene una maza, una espada, un tridente y un escudo. Su consorte es Shiva y está asociada a Durga, Shakti y Parvati. Las abejas representan el sonido del universo y, en tradiciones védicas indias, ese mismo sonido se utiliza en mantras. En los mitos, las diosas se convierten a menudo en abejas para combatir a los demonios. El Rig-Veda, el más antiguo de los textos sagrados hindúes, habla de abejas y miel. Algunos dicen que lo primero que comió el dios Indra fue miel, y que el nombre de Bhramari Devi procede de la palabra hindú Bhramari, que significa "abejas".

## La Historia de Bhramari

La historia empieza con Aruna el Asura (el Segador) esperando en la orilla del Ganges. Había permanecido allí durante muchos, muchos años; siglos, según algunos. Meditaba profundamente. Estaba desesperado por complacer al dios Brahma, y en todos aquellos años de meditación, había sobrevivido con tan solo unas pocas gotas de agua. Tan sumido estaba en su trance que Brahma acabó preocupándose. Pensó que el calor que emanaba de la meditación de Aruna era tan intenso que lo destruiría todo. Brahma apareció ante Aruna y le pidió que abriera los ojos. Tras darle las gracias por su devoción, le dijo que le concedería una bendición divina. Aruna deseaba una sola cosa: ser inmortal. Preocupado, Brahma le dijo que no podía concederle ese deseo, pues no podía hacerle vivir para siempre. Aruna pensó en esto y le dijo a Brahma que, si no era posible, al menos quería que ningún hombre, mujer, dios, bestia, demonio o arma pudiera matarlo. Brahma le concedió dicha bendición y, instantes después, Aruna se volvió contra los dioses y los atacó. Mientras huían, les dijo a los dioses que ahora todos los mundos eran suyos. Los Devas acudieron a Brahma para quejarse de que Aruna lo estaba destruyendo todo, pero Brahma le dijo a Indra que debía tener paciencia, pues todo el mundo muere con el tiempo. Indra no estaba dispuesto a esperar hasta que Aruna muriera, así que él y Brahma acudieron a Vishnu y le explicaron que, cuando Aruna muriese, ya no quedaría nada en el mundo. Al oír esto, Vishnu decidió que debían acudir todos a Kailasha y decidir qué hacer.

Mientras tanto, Aruna había recibido otra bendición de la diosa Gayatri, que lo protegía. Los dioses sabían que así sería muy difícil derrotar a Aruna, así que le pidieron al gurú Brihaspati que convenciera a Aruna para que abandonara a Gayatri. Decidieron rezar con todas sus fuerzas para que la suprema Devi acudiera en su ayuda. El gurú visitó a Aruna y le pidió que parara la violencia y que empezara a comportarse como un sabio piadoso. Aruna se enfureció. Creía que era mejor que un sabio, aunque repetía el mantra de Gayatri todos los días, tal como haría un sabio. El orgullo de Aruna fue su perdición, pues abandonó a Gayatri.

Al oír los ruegos de los dioses, la suprema Devi apareció ante ellos con el aspecto de Bhramari, la Diosa de las Abejas Negras, y les tranquilizó asegurándoles que les ayudaría. Bhramari lo sabía todo sobre la bendición que había recibido Aruna y juró que este nunca volvería a aterrorizar al mundo. Voló hasta el reino de Aruna y le retó a mostrarse y responder por sus crímenes. Aruna respondió con burlas y le dijo a su general que enviara a algunos hombres a enfrentarse contra ella. Ataviado en su armadura, Aruna fue el primero en llegar. Proclamó ante Bhramari que ningún hombre podía matarle, así que ¿cómo iba a hacerlo una mujer? Bhramari soltó a su ejército de abejas y avispas. Los insectos surcaron el cielo con su zumbido y atacaron a Aruna, quien no tenía ninguna posibilidad y fue picado hasta la muerte. Su ejército huyó ante la imagen de aquellos insectos de seis patas que ahora cubrían su cadáver. Así fue como se reestableció el equilibrio del universo. Desde entonces, Bhramari es adorada como la Diosa Suprema.

Los Puranas son un intento de explicar la creación en términos míticos, pero presentan las genealogías tradicionales de dioses y reyes. Según el historiador griego (350 - 290 a. C.) al que los hindúes conocieron con varios nombres, desde Shiva a Sandracottus, hubo ciento cincuenta y tres reyes a lo largo de seis mil cuarenta y tres años. Según el profesor Gavin Flood, de la Universidad de Oxford, también puede apreciarse la aparición de varios cultos devocionales en el período Gupta. Los Puranas representan diversas formas de ver el mundo y no deberían considerarse únicamente como cuentos aleatorios.

## Shashti

El culto a Shashti es una tradición popular para hindúes y tibetanos. Es la Diosa de la Fertilidad, y bendice a mujeres y hombres con niños. En la tradición hindú, los niños adoran a Maa Shashti y le piden protección. Como Diosa de la Fertilidad, no es sorprendente que muchos hombres también le rueguen protección para sus hijos. A Shashti se la llama en todo nacimiento para proteger al niño y ayudar en el parto. Es la diosa de la reproducción, incluyendo toda vegetación, y a menudo aparece representada como una madre que amamanta a muchos infantes. Va montada en un gato. Simbólicamente, a veces se la percibe como un baniano, una jarra de barro o una piedra roja debajo de un baniano. Se la adora como Shashti a partir del sexto día tras el nacimiento del niño. Las mujeres infértiles le piden bendiciones para poder parir.

### La Historia de Shashti

Esta historia empieza con una madre durmiendo junto a su bebé. Sigilosamente, un enorme gato negro entra en la habitación y roba al bebé. La madre despierta y se angustia al ver que su niño no está. Un grupo de búsqueda parte para buscarlo, pero no tienen éxito. La madre de la mujer consola a su hija diciéndole que todos sus ruegos irán para el pequeño bebé. El niño nunca aparece y, un año después, la joven madre tiene otro hijo. Como estaba constantemente preocupada de que pudiera volver a pasarle lo mismo, su madre le dijo que habría guardias en la puerta de su cuarto y que el bebé estaría a salvo. Pero el monstruoso gato regresó y entró por una ventana abierta, robando al bebé y desapareciendo sin que los guardias se percataran. En los siguientes cuatro años, la joven madre dio a luz a cuatro hijos, cada uno de los cuales fue posteriormente robado por la noche. Tras siete años y dos bebés robados más, la madre tuvo un séptimo hijo. Les ordenó a los guardias que se alejaran de su cuarto: ella misma protegería al niño. Con el bebé en su regazo, se obligó a permanecer despierta. *Te protegeré yo misma,* le dijo al bebé. *No dormiré.*

Al amanecer, el bebé seguía con ella, pero la joven madre estaba exhausta. Tras quedarse dormida, el gato regresó y cogió al bebé de su regazo. La madre despertó alarmada y persiguió al animal. Cuando al fin lo alcanzó, el gato reveló ser el Monte de la Diosa Shashti y le dijo que le devolvería al bebé. La joven madre quedó atónita y le preguntó por qué lo había hecho. El gato le contó la historia de un rico comerciante cuya esposa había tenido siete hijos, cada uno de los cuales se casó. Aquella esposa era conocida por ser devota y rezaba constantemente a los dioses. Sus hijos ayudaron a su padre con el negocio y la familia se hizo rica. Un día, la mujer de la casa estaba preparando el Aranyashashti Puja, una celebración hindú.

Una vez los dulces y las flores estaban listas para la ofrenda, esperaron a que llegara el sacerdote. La mujer le pidió a una de sus siete nueras que vigilara las ofrendas. La nuera se sintió honrada. Mientras vigilaba la comida, le entró hambre y, tras pensarlo mucho, se comió las ofrendas. La mujer se puso furiosa cuando regresó a la habitación. La nuera explicó que el bebé que llevaba dentro la hacía sentirse muy cansada y que debía haberse quedado dormida. Durante su sueño, un enorme gato negro y peludo se adentró en la habitación y se comió toda la comida. Añadió que, debido al peso de su vientre, no pudo perseguir al gato.

El Monte de la Diosa Shashti estaba tan ofendido por las mentiras de la joven madre que acabó robando a cada uno de sus siete bebés, escondiéndolos después para que nadie pudiera encontrarlos. Llevó el séptimo bebé ante la diosa Shashti y le dijo que la futura madre se había comido todas las ofrendas. Como castigo por sus mentiras, había decidido robarle todos sus bebés, el séptimo de los cuales yacía ahora a los pies de la diosa. Shashti quedó horrorizada por lo que el gato había hecho y exigió que la llevaran ante la joven madre.

Tras escuchar la historia del gato, la perturbada madre se encontró con la diosa Shashti montada sobre los lomos del gato. En sus brazos, Shashti sostenía al séptimo bebé robado. La diosa le dijo a la mujer que se había cubierto de desgracia mintiendo por unos pocos bocados de comida. La madre pidió clemencia y admitió que había sido avariciosa. En respuesta, Shashti la perdonó y le devolvió sus siete hijos. La madre preguntó cómo podía compensar a la diosa por su amabilidad y generosidad. Shashti le dijo: *debes observar el Aranyashashti Puja con pura devoción. Adora con alegría todo cuanto has recibido, y ni tus hijos ni tú sufriréis ningún daño.* [Reena Puri, 2018]

### Devi Mahatmyam

Como puede verse en estas historias, la adoración de Shakti como madre suprema y creadora del universo es un tema central en los Puranas. El Devi Mahatmyam (la gloria de la diosa) es parte de un antiguo cuento histórico que se remonta siglos atrás. Narra la batalla entre el bien y el mal, con la diosa Durga (Shakti) liderando las fuerzas del bien contra los demonios del mal. La diosa es poderosa, despiadada y dispuesta a hacer lo que sea por derrotar al mal. En épocas prósperas y pacíficas, el Devi aparece con la forma de Lakshmi, trayendo consigo felicidad y fortuna. Es importante observar que la historia del Devi Mahatmyam parte de la idea de que la realidad es femenina, y que la reverencia hacia lo femenino es el aspecto definitivo de Dios. Los versos de esta historia se recitan en celebraciones de toda India, sobre todo en estados orientales de Assam, Odisha, Bengala Oriental, Goa, Bihar y Nepal. El Devi Mahatmyam también se celebra en templos Durga hindúes.

Algunas diosas con las que quizá el lector no esté familiarizado son:

### Ratri

Esta es la diosa de la noche. Ratri provee a las estrellas que nos alumbran en la oscuridad de la noche. Es la diosa que nos protege de los peligros de las tinieblas. Puede estar relacionada con el peligro que conlleva la noche.

### Ushas

Es la hermana de Ratri y la diosa del amanecer. Es Ushas quien trae la luz del día, haciendo retroceder a la noche y a los malvados demonios que habitan en ella. Se cree que el caos reina en la oscuridad, así que Ushas aparece representada como un orden cósmico que nos procura la tranquilidad de la luz del día.

### Aranyani

Como diosa del bosque, no es posible verla; solo oírla en los susurros y crujidos de la naturaleza. Se la oye en el ulular de los búhos y en el craqueo de las ramas bajo una tormenta, en el piolar de las aves cuando surcan el cielo nocturno, en el suave rumor del viento cuando avanza entre los árboles. Aunque está envuelta en la penumbra del bosque, es amable y benevolente, y ofrece bayas y nueces a quienes entren en sus dominios.

### Mariamman

Al contrario que Aranyani, quien se mantiene alejada de aldeas, la diosa Mariamman es muy popular entre aldeanos. Es la diosa de la lluvia: la gente le reza cada año para que a la aldea no le falte su monzón. Sus feligreses le son muy leales, pues se cree que, cuando se enfada, puede propagar epidemias como la viruela.

### Alakshmi

Esta es una diosa interesante. Se trata de la hermana de Lakshmi, y es su polo opuesto. Mientras que Lakshmi concede abundancia y armonía, esta diosa trae negatividad. Nunca permanece en el mismo lugar en que está Lakshmi, pues su negatividad nunca es bien recibida. Para librarse de ella, se debe rezar a Alakshmi y pedirle que abandone casas y aldeas antes de pedirle abundancia y tranquilidad a Lakshmi.

# Capítulo Tres: Shakti en el Budismo y el Taoísmo

## Taoísmo

Si está usted introduciéndose en el shaktismo, acaba de aprender que creer en Shakti como el poder femenino es una tradición antigua. Quien practica rituales shaktistas es consciente de que está participando en una tradición tan antigua como el mundo. En el taoísmo chino, la idea de Shakti indica que se trata de una doctrina antigua. Este capítulo comparará el taoísmo y el hinduismo para explicar la adopción de la deidad femenina. Ya hemos establecido que la energía femenina es la fuerza que hay detrás del mundo material. Por otra parte, la fuerza creativa se explica como la tendencia que tienen los elementos naturales por combinar y crear nuevos elementos. Esta es la base para entender el Shakti en el budismo y el taoísmo.

Lao Tzu, el filósofo chino (650 - 531 a. C.) está generalmente considerado el fundador del taoísmo. Aunque muchas prácticas religiosas lo perciben como una deidad, Lao Tzu siempre se consideró un mero maestro del Tao y así es como aparece en los textos. Propagó el taoísmo a lo largo de toda China, mientras que

Confucio, otro célebre filósofo chino, difundió la palabra del Tao junto con el confucianismo. Por esa razón, ambas escuelas o doctrinas se han combinado entre sí.

Mientras el confucianismo se centra en las estructuras sociales, el taoísmo está más orientado a desentrañar el sentido de la vida. Ambas escuelas coexistieron con el budismo, que empezó a hacerse prominente en torno al siglo III a. C. Al igual que el confucianismo, budismo y taoísmo han acabado entrelazándose, pues tienen mucho en común y comparten muchos principios, ideas y tradiciones. El sistema de creencias de estas religiones no es dogmático como ocurre con las religiones abrahámicas. El taoísmo no obliga a rezar a ninguna deidad en particular, sino que uno puede rezar a quien quiera. En algún momento en la historia de China, las enseñanzas de Confucio y Lao Tzu fueron prohibidas para que la monarquía pudiera difundir sus propias ideas. Alrededor del año 207 a. C., cuando la dinastía Han llegó al poder, la mayoría de estas filosofías volvieron a introducirse en el país. En el año 156 a. C., el taoísmo empezó a decaer en favor de las filosofías de Confucio.

### Shakti en el Taoísmo

En términos sencillos, el taoísmo tiene la doctrina fundamental del "Yin" y el "Yang". Las culturas occidentales suelen estar familiarizadas con el uso del yin y el yang, dos fuerzas opuestas que a la vez se complementan. En el hinduismo, tenemos a "Shiva Shakti" (lo femenino y lo masculino). El Shakti, o lo femenino (yin), se fusiona con Shiva, o lo masculino (yang). Así pues, se produce una neutralización de energía que resulta en armonía. Juntos, Shiva y Shakti son una fuerza poderosa que aúna acción y creación. En los Poemas del Milenio de Fulan (2004) se lee: "El hombre yace entre la luz y la penumbra; la mujer, entre la penumbra y la noche. Cuando ambos se encuentran, el tiempo queda suspendido en el espacio y las estrellas observan en silencio". Por lo tanto, Shiva tiene el poder de crear cuando se une a Shakti. Sin ella, no es nada.

Queda claro que estas dos tradiciones o doctrinas son similares, y se cree que la doctrina china se importó de la India. El concepto de la dualidad en cuanto a la creación de la "Unidad" (Tao) se describe como Yin-Yang y aparece en las escrituras de Confucio. El taoísmo se desarrolló primero en el sur de China y luego se extendió al norte. Empieza con la idea de que la realidad definitiva es el "ahora", lo que se llama Huan (El Misterio). No hay lenguaje que pueda describir el "ahora", porque el lenguaje humano aparece descrito como algo limitado. Por decirlo de otro modo, no hay lenguaje que describa la nada, pues no hay nada. Si consideramos que el universo nació de la nada, el "ahora" es la existencia, la cual es infinita. Así pues, Tao es como Brahman: eterno, omnipresente y cambiante; el orden natural del universo.

### Yin-Yang y Shiva-Shakti

Yin y Yang son opuestos. El Yin es descanso y el Yang es acción. Esto puede apreciarse en la división del universo entre tierra y cielo. Como Shiva y Shakti, el principio fundamental del Tao es la dualidad entre lo terreno y lo celestial de la que derivan todas las demás existencias. Yin y Yang se usan, en términos sencillos, como equivalentes de izquierda y derecha, agua y fuego, arriba y abajo, hombre y mujer, chica y chico. Juntos, Yin-Yang y Shiva-Shakti se convierten en uno: un conjunto que forma una sinergia en la que taoísmo e hinduismo no son nada sin tenerse mutuamente, como lados distintos de una misma moneda. Lo que resulta interesante es que lo masculino y lo femenino se combinan para convertirse en ambos o bien en ninguno, así que puede decirse que la penetración o absorción de uno crea la unión del Yin y el Yang, conteniendo las semillas de la transformación. Esto puede verse en la personificación de Shiva y Shakti. Shakti es energía, manifestación. Shiva es conciencia, lo que no se manifiesta. Shakti es forma y sustancia. Shiva no tiene forma. Esto no solo ocurre en el universo; también en todo individuo.

Siguiendo con esta doctrina, vemos que el Yin es el más fuerte y próspero de los dos. El Yang es más activo y tangible. Consideremos esta analogía por un momento: en la Tierra, hay más agua que fuego. El fuego puede ser emocionante, pero el agua es abundante. Lo que es interesante es que esta idea, esta *palabra,* llega antes de que el patriarcado emergiera en la sociedad china. La imitación de la superioridad del Yin no debería ignorarse al considerar la influencia del patriarcado en la cultura china. Cuando observamos a Shiva y Shakti, la emoción y la energía (el Shakti) es la creación en sí misma. Shakti es la Divina Madre de la creación y da a luz a todo lo nuevo: el niño, la idea y la manifestación. Esto es lo que se denomina "La Madre". Shakti está en todas partes: combinada con Shiva, forman el Yin-Yang. Ramana Maharishi (Arcane, 2020, p.1) dijo: "El Shakti que hay en este mundo es solo uno. Surgen muchos problemas cuando pensamos que estamos separados de ese Shakti". Lao Tzu escribió: "Infinitas palabras cuentan menos que el silencioso equilibrio entre el yin y el yang". Confucio dijo: "Yin y yang, hombre y mujer, fuerte y débil, rígido y suave, cielo y tierra, luz y oscuridad, trueno y relámpago, frío y calor, bien y mal... la relación entre opuestos es lo que constituye el universo". Unidos, estos opuestos forman un conjunto que el hinduismo entiende como Shiva y Shakti. Es la representación del cuerpo y el alma, el hombre y la mujer, lo positivo y lo negativo, la luz y la oscuridad.

Se cree que Shakti está presente en las mentes de todo el mundo. Puede liberarnos y también esclavizarnos. Ella es lo absoluto, la creadora. Es ella quien puede cegarnos ante la realidad. Sus transformaciones son infinitas y absolutas, y nos procura la habilidad de percibir el mundo a nuestro alrededor. Así es como Shiva lo percibe también cuando se une con Shakti. El yoga se practica entendiendo los principios cósmicos de la dualidad: la energía Shakti y la conciencia Shiva se manifiestan al practicar el yoga. El Yin-Yang también puede apreciarse en la práctica del Chi

Gong. El "chi" se extrae del cuerpo y el alma; dos fuerzas opuestas que, de nuevo, se unen para formar un conjunto.

### La Madre Suprema

Según la religión hindú, existe un espacio entre el cielo y la tierra, y es allí donde se manifiesta el poder. Los principios taoístas comparan ese espacio a un vacío entre fuelles, con el poder para expandirse sin causar daños. Según el Tao, ese espacio es también indestructible, así que la Madre nunca se cansa. Según algunos textos religiosos, el cielo y la tierra proceden del Tao, y del Tao llegó el poder universal o, en términos hindúes, Shakti. En el Tao, el principio femenino es la Madre Suprema. Según algunas fuentes tántricas, la mujer se percibe como la vida en sí misma, razón por la cual es una mujer quien encarna a Shakti. En la doctrina tántrica se cree que el universo aparece y desaparece cuando abre y cierra los ojos. Y en el momento exacto de nuestra muerte, todos nos unimos con Shakti.

# Budismo

Como hemos visto en capítulos anteriores, el hinduismo sostiene que la energía cósmica fluye en el universo en forma de Shakti, el poder femenino. Por esa razón, el culto a Shakti es crucial en el hinduismo. Shakti, la Madre Divina, tiene muchas formas. El budismo se aparta del hinduismo en varios puntos, pero la influencia de Shakti sigue siendo visible en las tradiciones budistas. Por ejemplo, las diosas ocupan un papel central en el budismo Vajrayana (el camino a la iluminación). Tanto en hinduismo como el budismo se extendieron en la India, el Tíbet y el resto de Asia. Entre los siglos XIX y XII, el budismo Vajrayana floreció en el Tíbet y varios países asiáticos, pero decayó en la India. Las tradiciones budistas tibetanas incorporaron al Vajrayana en su sistema de creencias, sirviéndose de sus rituales y símbolos para allanar el camino a la iluminación.

## La Experiencia Budista

El budismo Vajrayana utiliza rituales como el yoga y la meditación para alcanzar más rápidamente la iluminación. Por ejemplo, podemos meditar pensando en una deidad en concreto. Dicha deidad debe escogerse con cuidado, por lo que suele ser un gurú quien realiza esa elección. El gurú considerará las características y la personalidad del discípulo antes de asociarlo a una deidad. El discípulo aprenderá que hay tres deidades femeninas: Yidam, Dharmapala y Dakini. Yidam adopta la forma de Buda, quien también se manifiesta en varias formas. Por ejemplo, está la diosa Tara y los furiosos y vengativos Yidams, que se manifiestan a través de varias formas de Buda. Los gurús sugieren que, si no es posible alcanzar el Nirvana (el estado trascendente en el que hombre y mujer desaparecen), deberíamos entonces centrarnos en nuestra meditación con deidades femeninas.

El aspecto más importante de la práctica del budismo es la gran concentración que se requiere para seguir la senda de la iluminación; concentración que refleja nuestra personalidad y preferencias. Así, podemos liberar cualidades dormidas en nosotros. En la meditación, la deidad se percibe como nuestro álter ego o arquetipo; algo que llega a lo más profundo de nuestra conciencia y saca a flote nuestros aspectos más interiores. En esencia, la gente propensa a enfadarse debería alinearse con deidades enfadadas. Puede sonar extraño, pero la idea es que las cosas que nos enfadan y los obstáculos o enemigos con que nos topamos son manifestaciones de nuestra propia ira. Por lo tanto, tiene sentido adorar a una deidad furiosa para que destruya a esos enemigos.

# Deidades Femeninas en el Budismo

## Tara

En las tradiciones tántricas del hinduismo y el budismo, la Divina Madre es un personaje central. En el caso del hinduismo, ya hemos conocido a Durga (Shakti). Su equivalente en el budismo es la glorificación de Tara. Esta diosa ha sido referenciada en escrituras budistas desde la antigüedad y puede encontrarse en textos religiosos tibetanos, así como en la literatura de la India y otros países del sur de Asia. Según Nandakumar, 2018, "una inscripción hallada en la isla de Java elogia su esplendor en estos versos: cuya sonrisa creó la luz del sol, y cuyo fruncir de cejas creó la oscuridad para que cubriera la esfera terráquea" (p. 1). En su forma divina, su benevolencia se extiende a todos los seres vivientes.

Igual que la Shakti de la tradición hindú, la diosa Tara se manifiesta en muchas diosas distintas. Los estudiosos siguen debatiendo en torno a su origen. Algunos creen que procede de la tradición hindú y que fue adoptada después por el budismo tibetano y la tradición Vajrayana. Su presencia se describe como una manifestación de la diosa Kali en Sakta y Mahamaya en el Shivaísmo. Sin embargo, es importante apreciar que la diosa Tara ha sido reverenciada durante mucho tiempo tanto en la tradición hindú como en la budista, si bien ambas tradiciones la perciben de forma muy diferente. En el hinduismo, Tara es una feroz diosa que monta sobre un cadáver. Al igual que Kali, demuestra una gran ferocidad, mientras que en la vertiente budista es amable y enérgica. Es la protectora de todos los que la adoran. En otros tiempos y tradiciones, emerge con distintas formas. En el Tíbet, Tara procede del mar. El Svatantra sostiene que emergió del lago Cholana. No es sorprendente que Tara esté relacionada con el agua, pues el lago Cholana está al oeste del monte Meru, que forma parte de la frontera indo-tibetana, una región en la que abundan lagos y monasterios. La leyenda cuenta que esta diosa protegía a la gente al cruzar los lagos. Evitaba que se ahogaran y los monjes tibetanos adoraban su benevolencia y su protección. Su nombre, Tara, significa "estrella". Es la luz guía que ilumina el camino para los viajeros entre lagos. Por eso, las culturas asiáticas la perciben como "la que nos salva". En Java también protege a quien intente navegar los intempestivos mares. En el budismo se la percibe con un sentido más metafórico: protege a quienes "crucen el océano de la vida" (Nandakumar, 2018).

Tara está representada como una hermosa muchacha con la complexión de una concha de mar. Tiene cuatro rostros y ocho brazos. Sus manos derechas sostienen una lanza, una varada mudra (la mano que concede bendiciones), una flecha y un vajra (un garrote con una esfera en el extremo que se abre como un conjunto de cuchillas). Cada uno de sus cuatro rostros tiene un color distinto, entre rojo, azul oscuro, amarillo y blanco. En sus manos izquierda lleva un arco, una flor utpala, un lazo y un gancho Vajra. Descansa en la posición sentada de Dharmakaya (un estado similar a la muerte). Su ritual es sencillo: cuando se la llama por su nombre, aparece. De hecho, basta con pensar en ella para invocarla. Tara también es conocida como Chandrakanti Tara, una personificación en la que tiene tres rostros que representan los tres cuerpos de Buda. Igual que en el hinduismo, es la madre de toda la creación y, por lo tanto, también la madre Buda. En este aspecto, personifica la compasión y el altruismo.

## La Tara Amarilla (Bhrikuti)

Esta Tara es muy apreciada en el budismo tibetano. Es la diosa de la riqueza y su equivalente en la tradición hindú es Lakshmi. Se la representa en color amarillo, un símbolo de riqueza por su proximidad con el oro. La Tara amarilla es epítome de abundancia: cuando se le reza, trae recursos que acaban con la pobreza. Lleva al Buda Amoghasiddhi en su corona. Siempre bien vestida, es hermosa y eternamente joven. En su mano derecha sostiene el vara mudra, la mano que concede bendiciones. Se manifiesta como Vajta Tara y Kadiravarni, pero tiene muchos otros avatares. Sus devotos le ruegan riqueza y prosperidad.

### La Tara Verde (Shyama)

Es la Diosa del Bosque. Se la asocia con la flora, el viento y la tierra, y aparece sentada en un trono con forma de flor de loto, rodeado por dos leones. Tiene ocho manifestaciones. Como las diosas Jamguli y Mahamayuri, es una benevolente concesora de riqueza y prosperidad. La Tara Verde lleva una flor de loto blanca. Su mano adopta la posición de varada mudra para otorgar felicidad a sus devotos. También tiene tres ojos.

### La Tara Azul (Ekajata Tara)

Esta Tara es feroz. También conocida como Ugra Tara y Mahacinatara, es iracunda y desprende una feroz energía. Su equivalente en la tradición hindú es Kali. Es aterradora, pues lleva una espada y unas tijeras en dos de sus manos derechas, más un loto azul y una calavera en las izquierdas. Aparece ilustrada con la postura de un arquero. Su abultado vientre y su larga lengua sobresalen de su cuerpo. Tiene tres ojos y una mirada salvaje. No es sorprendente que lleve puesto un colgante hecho con calaveras humanas, o un cinturón de piel de tigre. Cabalga sobre un cadáver y tiene ocho serpientes adornando su cuerpo. Irónicamente, la Tara Azul también es percibida como la personificación del amor. En cierto sentido, esto puede verse como una influencia del Yin-Yang en las tradiciones taoístas.

### La Tara Roja (Kurukulla Tara)

La Tara Roja se sienta sobre una flor de loto del mismo color. Lleva también ropajes rojizos y es la Diosa del Conocimiento. Kurukulla significa "la que existe por el conocimiento". Es también una protectora y despejará todos nuestros obstáculos. Como personificación de la sabiduría, es adorada en tradiciones budistas e hindúes y se cree que puede conceder el poder de la atracción a sus fieles. En sus cuatro manos tiene joyas, dos flechas y el Abhaya mudra, un símbolo de la valentía. Tara es la Perfección de la Sabiduría y tiene devotos en todo el mundo.

# PARTE DOS: Shakti en el Tantra

# Capítulo Cuatro: Shakti como Kryatamaka Shakti

## Tantra

Palabras como gurú, yoga, iluminación espiritual, meditación y la posición del loto evocan imágenes de gente embarcándose en un viaje espiritual. La práctica del yoga, por ejemplo, se ha convertido en una actividad popular en todo el planeta. Muchas personas practican yoga y Chi Gong para aliviar el estrés o simplemente hacer ejercicio. Sin embargo, hay mucho más en la práctica de la iluminación espiritual. Algunos rituales van mucho más allá de la superficie o del nivel físico. Este capítulo explora el Tantra y la ciencia que hay detrás de los rituales que practican los devotos de Shakti, así como el significado esotérico de la palabra Tantra. Las acciones tántricas pueden observarse en la forma con que los gurús instruyen a sus discípulos para que entiendan las escrituras tántricas sagradas. Esto puede conseguirse con meditación profunda, relajándose ante estatuas sagradas, utilizando símbolos y entender las extrañas posturas corporales con que se medita.

Para entender mejor este concepto, quizá lo más fácil sea decir que el Tantra es una escritura religiosa que ilustra la iluminación espiritual a través de dioses y diosas. Las palabras no bastan para conseguir la iluminación. Como hemos visto en capítulos previos, los elementos naturales, la invocación de dioses y diosas y los símbolos se utilizan para capturar las energías divinas.

La ciencia del Tantra trabaja con esas energías. Un ejemplo sencillo sería usar campanillas de viento para capturar el viento como fuente de energía. Por esta razón, el uso simbólico de deidades es muy importante para que las energías se manifiesten. Podemos visualizar a una divinidad o un cuerpo divino, según los cuentos (Puranas) con que nos sintamos identificados. Mucha gente realiza estas prácticas a nivel superficial. Otros se convierten en practicantes del Tantra, pero cuentan con maestros que los guían. El maestro es el instructor, un guía para el buscador. El Tantra es una ciencia espiritual antigua y excepcional. En sentido moderno, podríamos describirla como holística, pues implica el uso de todo nuestro ser (cuerpo, mente y espíritu).

### Tantra: Definición

La palabra Tantra significa "principal" o "principio". Se trata de una referencia a los textos místicos del hinduismo y el budismo. El origen del Tantra suele situarse en el siglo VI o VII d. C., pero los textos sagrados se remontan mucho más atrás. Panini, un académico del siglo V, se refirió al Tantra usando como ejemplo el Sva-tantra, es decir, alguien que es un intérprete en sentido absoluto: independiente y dueño de su propio destino. Los principios del Tantra se cumplen con la práctica de mantras, rituales y yoga. En el siglo VI, Sabara indicó que la acción debe ser completa para poder beneficiarnos; eso es un tantra. Los masajes corporales con aceites, por ejemplo, se convierten en una acción beneficiosa para la persona.

## El Tantra en la Era Moderna

A medida que la filosofía se introducía en el período moderno, las definiciones del Tantra se volvieron confusas. Pierre Bernard suele ser referenciado como responsable de introducir esa práctica en Estados Unidos en la segunda mitad del siglo XIX. Sin embargo, sus definiciones se han asociado también con el acto sexual. Los estudiosos del tantra han encontrado componentes ritualistas y esotéricos en la práctica y la filosofía tántrica, conocida habitualmente como tantrismo. Es importante observar la discrepancia entre escritores de los siglos XIX y XX a la hora de definir el Tantra. Esto ha provocado que no exista una definición generalmente aceptada. Una definición muy extendida es que el Tantra es un "sistema de observaciones"; la unión del hombre con el cosmos. Otra definición que suelen emplear quienes no practican el Tantra es que se trata de un conjunto de rituales mecánicos (ejercicios físicos) que no pretende ser filosófico ni ideológico. Académicos como D. Lorenzen han proporcionado una buena explicación para estas discrepancias en cuanto a definiciones: Lorenzen sugiere que hay dos definiciones, una amplia y otra estrecha. La amplia sugiere que las filosofías tántricas son creencias míticas y prácticas como el shaktismo y el yoga. La estrecha sostiene que estas tradiciones proceden los textos sagrados en sánscrito conocidos como Agamas, Samhitas y Tantra. Algunos escritores entienden el Tantra en términos de actividad sexual; por eso algunos consideran que el Tantra es un método para alcanzar el éxtasis sexual a través del yoga. No es así como lo entienden los practicantes del hinduismo y el budismo, quienes ven al Tantra como un acercamiento científico a la iluminación.

Otra razón que explica la abundancia de definiciones del Tantra es la forma en que las tradiciones se han extendido en el este y el sur de India, así como las muchas culturas que han adoptado y modificado la práctica. Hay una miríada de textos, creencias y acciones como el yoga y la meditación. La gran variedad de temas tántricos abarca la creación, la existencia de múltiples dioses y diosas y diversos tipos de adoración ritual. Los templos hindúes y budistas ofrecen muchas imágenes del kundalini-shakti (el poder de la serpiente), técnicas mentales y físicas para conseguir la purificación e imágenes de sexualidad sagrada. Una definición más sucinta sería decir que el Tantra transforma el cuerpo y el alma.

## La Ciencia Detrás de la Práctica

Cuando exploramos el Tantra, es importante observar las connotaciones científicas que hay tras la filosofía de Shakti. Se cree que el alma y el cuerpo son independientes entre sí, pero están a la vez conectados. La energía se transporta a través de las arterias, tanto en la vigilia como en el sueño. El control de la respiración y la relajación también se utilizan en el Tantra y es una técnica habitual del yoga. El Hatha Yoga ha desarrollado la noción de la anatomía espiritual. Los estudios han confirmado que la relajación libera hormonas corporales que reducen el estrés. Estas son técnicas sencillas con las que la mente puede sanar al cuerpo.

Son muchas las técnicas empleadas en la práctica del Tantra. Están diseñadas para despertar al alma y obtener la iluminación espiritual. En términos tecnológicos, ese viaje evoca una frecuencia de energía que fluye a través del cuerpo e influencia la forma en que vivimos. A veces, el Tantra puede despertar a Kundalini Shakti, una fuerza dormida en nuestro interior. Una técnica que se practica a menudo es la del mantra + yantra = tantra. Un mantra es un sonido sagrado que resuena en las frecuencias que nos rodean. El zumbido asociado a Kali es un ejemplo de ello.

El Yantra es un objeto con forma geométrica que contiene el poder y la función de una frecuencia. A menudo se utiliza junto con una nota de instrucciones que también puede hacer las veces de Yantra. Así pues, el mantra, combinado con el yantra, se convierte en Tantra. Con estas técnicas y la ayuda de un maestro espiritual, el discípulo puede encontrar una frecuencia espiritual que, según algunos, es también una experiencia paranormal. En otras palabras, las herramientas y acciones del Tantra conectan al practicante con la divinidad de Shakti.

### Shakti como Kryatamaka Shakti

Shakti es una fuerza universal de energía. Como Madre Divina, Shakti puede ser llamada para que nos ayude. Es la fuerza energética que necesitamos para derrotar a nuestros demonios. Cuando necesitamos protección, podemos llamar a su personificación de Durga, que nos conectará con la Madre Divina y nos ayudará en el parto. Cuando nos enfrentemos al mal, podemos llamar a Kali para restaurar el equilibrio.

La energía de Shakti impregna al mundo. Con la guía de un gurú o un maestro, podemos aprender a desbloquear nuestra energía interior con acciones y símbolos que liberan la energía del cosmos. Activando nuestra Diosa Shakti podemos unirnos con el universo. Nuestras acciones invocarán también a Shiva para limpiar nuestra conciencia. Sin Shiva, el poder de Shakti podría carecer de disciplina. Shakti y Shiva van de la mano: acción y conciencia.

A través de la instrucción de gurús y maestros, podemos activar esa fuerza interior que tenemos dentro. La energía de Shakti revitaliza y devuelve el equilibrio. Shakti se manifiesta en muchas formas y colores diferentes. Podemos alinearnos con nuestra Shakti personal para conjurar la fuerza de la energía femenina.

### El Chakra Sacro (Svadhisthana Chakra)

El chakra sacro es el centro de nuestra energía y se encuentra en la zona del útero. El poder divino femenino habita en nuestros cuerpos. Está asociado al agua, como el flujo del ciclo menstrual. La fuerza de esta energía nos permite seguir el flujo o hacer cambios, además de activar la sensualidad y la pasión. Los colores naranja incrementan el flujo de energía, así como los cristales o la comida del mismo color. Los cristales naranja simbolizan la energía femenina del chakra.

### Piedras de Luna

Otro símbolo de la energía femenina es la piedra de luna. Los colores amelocotonados tienen muchas cualidades sanadoras: están relacionados con la fertilidad y pueden curar al útero y los ovarios. Las piedras de luna suavizan el trastorno postmenstrual, enviando energía curativa al experimentar la infertilidad. Las piedras de luna de color arcoíris sugieren misterioso ocultos en su interior. Los ciclos lunar y menstrual nos recuerdan las etapas de nuestras vidas, y la piedra de luna nos conecta a estos aspectos vitales.

En todas sus personificaciones, Shakti nos conecta a los ritmos femeninos naturales de nuestras vidas. Muchos maestros aconsejan a las mujeres que lleven estas piedras en sus bolsillos, o que las coloquen bajo la almohada en la que duermen. Tenga cerca una piedra de luna cuando intente conectarse con una fuente de energía durante la meditación.

### Agua

Este elemento está relacionado con el chakra sacro y activa a la Divina Madre. El agua es una poderosa fuente de energía: está conectada a la tierra, y no puede haber nada más poderoso que la Madre Tierra cuando despierta el divino poder femenino. La naturaleza es una poderosa herramienta en la práctica del Shakti. El agua de lagos, ríos y océanos es energía curativa.

La meditación y el agua son herramientas cruciales para la conexión con la Divina Madre. Debemos nadar o caminar en el agua, escuchar los sonidos que nos rodean. Todos nuestros sentidos se activan dentro del agua; incluso al sentarnos en una orilla. Debemos sentir el sol en el rostro y la brisa en el cabello, ver cómo la luna ilumina el agua y fijarnos en lo benigna que es la oscuridad cuando meditamos junto al agua de noche.

En un capítulo anterior hemos discuto el concepto del "ahora". La meditación es presente: en el mismo instante en que se practica, la Divina Madre cura nuestra mente y nos protege. Hay que escuchar las olas que mueren en la orilla, el sonido del río al fluir en torno a las rocas, sentir el aire en la piel, oler la tierra que nos rodea. Sentir los ritmos del supremo poder femenino que fluye en el aire.

## Asanas

A menudo, el yoga, como herramienta práctica, se considera un método pasivo y lento más que activo (una forma de relajación), pero el yoga también es particularmente útil para alinear cuerpo, mente y espíritu con la Divina Shakti. Cuando estamos quietos en una postura, nuestro cuerpo no lo está. Nunca está quieto. La sangre fluye en nuestras venas, el corazón late, el estómago digiere comida y nuestro aliento recorre incesantemente nuestro cuerpo. Añadiendo conciencia a este movimiento constante, las posturas del yoga se vuelven extremadamente poderosas. El poder del yoga puede conducir la mente a un estado de conciencia. Piense en cómo se siente ahora mismo. ¿Qué siente en sus extremidades cuando las estira? Piense en el punto en el que mantiene la tensión. Deje que la energía que fluye por su cuerpo le guíe hacia sus puntos de tensión. Los Asanas son una poderosa invocación de la calma espiritual.

## Shakti Mudra

Esta acción solicita la energía de la divina Shakti. Cuando estemos en un estado de calma profunda, Shakti oirá nuestra llamada. El mudra se conecta con el Segundo chakra: la zona pélvica. Este ejercicio de respiración mejorará el sueño y el bienestar físico y mental, y se trata de una poderosa amplificación de nuestra Shakti. Fomenta el poder y la fuerza. Al practicar este mudra, obtendremos estabilidad, equilibrio y armonía para nuestra vida y nuestro cuerpo.

### La Práctica del Mudra

Junte las puntas de sus dedos meñique y anular. Coloque los pulgares en la palma de sus respectivas manos y tápelos con sus dedos índice y corazón. Utilice esta postura para meditar. Intente hacer este ejercicio a diario, o añadirlo a sus rutinas de yoga.

### El Cántico a la Divina Madre

Al igual que en el mundo físico, la mejor forma de atraer la atención es llamándolo. Por eso los mantras son tan poderosos. Si puede, llame a Shakti en sánscrito. Este es un método muy poderoso para llamar a la Divina Madre. Cuando usted canta, está despertando la fuerza universal que yace dormida en su interior. También se está conectando con el principio guía que vive en todo lo que nos rodea. Su maestro o gurú le enseñará muchos mantras que podrá cantar mientras aprende las posturas que materializan las escrituras tantra. Mindy Arbuckle (2019) proporciona un canto accesible que puede usarse a diario para llamar a la Divina Madre:

"Om para shaktyaye namaha".

Si le gusta este cántico, practíquelo al menos una vez al día durante 40 días. Notará si su energía cambia durante el período de esta práctica.

### La Adoración en Templos

En otras religiones, el lugar más habitual para la adoración es un templo, mezquita o iglesia. En vez de pensar en el culto que se practica en un Mandir (templo hindú) como parte de una religión organizada, considérelo una forma de adoración en el lugar donde mejor puede sentirse la energía mística. El Mandir es un edificio sagrado que no solo puede encontrarse en India; también en parte del mundo occidental. Una vez dentro del templo, verá una multitud de valiosos murtis (estatuas, imágenes e ídolos). Estas hermosas decoraciones sirven para honrar a las divinidades. Por supuesto, no es necesario visitar un mandir para honrar a Shakti. También puede visitarla en un santuario exterior, los cuales abundan sobre todo en la India. En términos históricos, cada mandir estaba dedicado a un dios o diosa. Por ejemplo, la imagen de Vishnu y los murtis conectados a divinidades como Shaivite, Krishna y Sita pueden verse fácilmente en templos de Vishnu.

Al entrar en el mandir, el devoto se quita los zapatos en señal de respeto a la limpieza del hogar de las divinidades. Una vez en la sala del santuario, el devoto debe hacer sonar la campana de algún dios o diosa. Esto representa el despertar de la deidad. En el budismo es habitual oír el sonido de un gong que se utiliza también para despertar a una divinidad, además de animar al devoto para que despeje la mente y se centre en la fuente de energía. Cuando el ritual se haya completado, el devoto puede moverse por el templo, cantando, rezando o entonando. Cuando entra en el mandir, el devote se centra en "ver" a los dioses y diosas. Esto se conoce como "darshan" (ver). En las enseñanzas hindúes, se cree que la adoración procede del corazón y la mente, y son los rituales lo que nos permite expresar nuestra devoción.

### Festivales

Los festivales son muy habituales en la India, y la celebración de la diosa Gangamma en Tirupati, al sur de India, es una importante celebración de la Divina Madre. Para esta ocasión, los hombres se visten de mujeres y, durante una semana, se los puede ver llevando saris e indumentaria propia de diosas. Las mujeres de la ciudad dedican su tiempo a tareas domésticas adicionales para invocar el poder creativo femenino de Shakti (podría discutirse, sin embargo, que esta práctica no empodera necesariamente a las mujeres). De hecho, en el 2013, una agencia de publicidad india ilustró a diosas hindúes con contusiones en el rostro y ojos morados. Esto ayudó a concienciar en cuanto al contraste entre la adoración de las diosas y el tratamiento a las mujeres. La campaña se llamó "Las Diosas Abusadas". Es difícil saber hasta qué punto tuvo éxito la campaña, pero en la india hay una elevada tasa de infanticidio femenino y crímenes contra mujeres. La virginidad también tiene una alta consideración. En Nepal existe aún una tradición en la que se escoge a una menor para que encarne a una diosa. En la India, esa misma tradición solo se lleva a cabo durante un día, pero en Nepal, la niña es apartada de la sociedad y ocupa un asiento en el templo hasta que alcanza la pubertad, momento en que otra niña la reemplaza.

# Capítulo Cinco: Diez Manifestaciones de la Diosa Tántrica

Cuando nos consagramos al estudio del Shakti, nos convertimos en buscadores de conocimiento. Es una forma de alcanzar todo nuestro potencial estudiando varias fases del desarrollo humano. Las diez manifestaciones de la Diosa Tántrica nos ayudan a entender la filosofía de la vida y nuestras dificultades en el mundo material. El significado del Das Mahavidya, los diez aspectos de Shakti o Durga, es lo que nos guía hacia la renovación. La palabra Mahavidya procede del sánscrito *Maha,* que significa grande, y *Vidya,* que significa educación. Ambas cosas culminan en la iluminación. Al adorar a la Diosa de la Sabiduría o a los Diez Mahavidyas se destruyen los aspectos negativos de la personalidad. La importancia creciente del Tantra se combina con el interés en auge de los Mahavidyas en el período post-Puránico. El culto a las diez poderosas formas de Durga, la diosa tántrica, es Dus Mahavidyas.

Este punto clave en el desarrollo del shaktismo coincide con un interés emergente en Bhakti (Vishnu), el cual alcanzó su apogeo en torno al año 1.700 d. C. Este fue el movimiento que veía al Ser Supremo como una mujer. Los nueve capítulos del Devi Gita se convirtieron en los textos más significativos del shaktismo. En una historia del Purana se narra la creación de los Mahavidyas. Sati, la primera esposa del dios Shiva, se enfada porque ni ella ni Shiva han sido invitados a la cremación sacrificial de su padre. Resuelta a ir pese a las protestas de Shiva, Sati se transformas en los Mahavidyas y rodea a su esposo en diez direcciones. Estas diez direcciones pueden llamarse "La Única Verdad" y Shakti. La Divina Madre, por lo tanto, es percibida como diez personalidades cósmicas.

# Las Diez Diosas de Mahavidyas – Las Diez Formas de Shakti

1. Kali - La Noche Eterna

2. Tara - La Diosa Compasiva

3. Shodashi - La Diosa de Dieciséis Años

4. Bhuvaneshwari - La Creadora del Mundo

5. Bhairavi - La Diosa del Deterioro

6. Chinnamasta - La Diosa que se Decapitó

7. Dhumawati - La Diosa Viuda

8. Bagalamukhi - La Diosa que se Agarra la Lengua

9. Matangi - La Diosa Amante de la Contaminación

10. Kamala - La Última, Pero no la Menos Importante

Algunas de estas diosas ya han sido presentadas en capítulos anteriores. Al paso de los siglos, estas diosas recibieron nuevos nombres y definiciones, pero la esencia de sus características sigue siendo la misma. Las siguientes descripciones de los diez aspectos de Shakti reciben a menudo otros nombres.

## Kali: La Noche Eterna/La Devoradora del Tiempo/La Mala Madre

Kali, Diosa de la Destrucción, es el más terrorífico de los diez aspectos. Suele aparecer ilustrada a lomos de un león. Tiene una corona hecha con cabezas cercenadas y una falda que consiste en varios brazos sanguinolentos. Es la Diosa Negra: baila sobre tumbas con su feroz imagen de mujer enloquecida. Sus aspectos negativos están siempre presentes en sus ilustraciones, pero Kali es la diosa más compasiva de todas. Kali se encargará de los trapos sucios de los que nadie quiere ocuparse. Destruye egos rápidamente y sin compasión. Su amor es feroz y está dispuesta a hacer lo que sea para destruir los males que nos aprisionan. Es una liberadora; destruye únicamente para volver a crear. Se encarga de destruir la ignorancia, el deterioro y el mal. Suya es la luz eterna, la devoradora de negatividad.

### Tara: La Diosa Compasiva/La Que nos Salva

Tara significa estrella. En el Tíbet, Tara es la diosa más importante de todas. De hecho, el mantra de Tara es uno de los más recitados en el Tíbet. Tara es una acción iluminada y simboliza la virtud. Su compasión por la humanidad no tiene límites y se dice que es más compasiva que el amor que las madres muestran por sus hijos. Para quienes estén de camino a la iluminación espiritual, Tara protegerá y mostrará el camino, protegiendo a los viajeros en sus empresas. Tara nos enseña a ser compasivos y nos impregna con su amor. Algunos dicen que nació de las lágrimas misericordiosas de Avalokiteshvara cuando lloraba por el sufrimiento de los humanos. Tan grandes eran sus lágrimas que acabaron llenando un lago. En dicho lago floreció un loto y, al abrir sus pétalos, se descubrió que la diosa Tara estaba dentro. En otra historia, Tara nace de uno de los ojos de Avalokiteshvara, del que salió proyectado un rayo de luz azul. Tara está considerada la manifestación de todas las mujeres piadosas. Trabaja día y noche para ayudar a los que sufren.

### Shodashi: La Diosa de Dieciséis Años/La Que Juega

Shodashi es la madre de Lalitha Tripurasundari. La Madre Shodashi tiene el aspecto de una chica de dieciséis años y se dice que representa dieciséis características del deseo. También se la conoce como la Madre Lalitha Tripurasundari; así pues, constituye muchos aspectos de la Diosa Shakti. La de Shodashi es una historia de devoción y dulzura, aunque se la representa de formas diferentes. A veces aparece como Kali, desnuda y con aspecto feroz (en contraste con una chica de dieciséis años), pero también representando la turbulencia y la sexualidad de la conciencia adolescente. En otras representaciones aparece sentada en un loto que descansa sobre el cuerpo de Shiva, quien a su vez se sienta en un trono sostenido por las piernas de Vishnu, Brahma, Shiva y Rudra. Shodashi sostiene un lazo, un arco, una flecha y un aguijón, objetos que simbolizan la naturaleza en conflicto de una adolescente. El aguijón representa la repulsión, mientras que el lazo representa el apego y el arco y la flecha simbolizan el deseo y los cinco sentidos. Shodashi es también la manifestación de la Diosa Parvati. Suele representarse con colores rojizos o bien dorados. Se caracteriza por su devoción a su cónyuge, su búsqueda del placer, el amor por la familia y el control de las emociones.

### Bhuvaneshwari: La Creadora del Mundo

Esta diosa es la creadora de la tierra y simboliza la energía que se extiende por ella. Dinámica y creativa, la suya es una historia de empoderamiento. Algunos dicen que, al principio, el sol emergente hizo arder al cielo y se crearon tres palabras a partir de los rayos del sol. Ese poder abrumador procedía de Shakti. Una vez el sol creó a los tres mundos, la diosa asumió el control de los mismos. Con esta forma, la diosa se convirtió en Bhuvaneshwari, maestra de mundos. Representa pues al mundo visible, y todos los cuentos y textos destacan su belleza. Tiene un largo cabello con el color de oscuras abejas. Sus pechos están cubiertos de azafrán y pasta de sándalo, mientras que su garganta está llena de ornamentos. Era tan hermosa que, según se dice, Shiva se hizo un tercer ojo para poder contemplarla más detenidamente. Aparece ilustrada con cuatro brazos hechos para abrazar. Los gestos que hace con la mano representan la gracia. Tiene características de belleza, elegancia y sensualidad, características que reflejan la abundancia de la tierra y los cielos.

## Bhairavi: La Diosa del Deterioro

El universo tiene dos facetas esenciales: destrucción y creación. Ambos aspectos están sujetos a fluctuaciones y cambios, y siempre hay uno que domina al otro. Bhairavi es sinónimo de destrucción. Aparece cuando el cuerpo se descompone. Esta es una fuerza irresistible, pues el deterioro natural es inevitable. Bhairavi también representa hábitos destructivos al ingerir comida tóxica: alimento que no es venenoso, pero representa la lujuria y la avaricia. Se la presenta bebiendo alcohol, una bebida que también envenena el cuerpo y la mente. Bhairavi está también presente siempre que se produce una pérdida de semen, lo que se dice que debilita al varón. Las actitudes negativas, como el egoísmo, la ira y los celos también refuerzan la presencia de Bhairavi, quien se manifiesta en la naturaleza destructiva del mundo. Para comprenderla, tenemos que entender que la creación no puede continuar sin que haya destrucción. La muerte y el deterioro son consecuencias inevitables de la creación. Es fácil ver por qué esta diosa puede asociarse con Kali y sus poderes destructivos. No obstante, Bhairavi está presente cuando el cuerpo cumple su ciclo vital, tras envejecer, debilitarse y finalmente morir. La destrucción, por lo tanto, puede verse en todos los aspectos del mundo.

## Chinnamasta: La Diosa Decapitada/La que no Tiene Cabeza

Esta diosa es el aspecto más feroz de Parvati. Sus ilustraciones son, cuanto menos, desconcertantes: aparece como una diosa desnuda y semi-decapitada junto a una pareja copulando. Una de sus manos sostiene su cabeza cercenada; la otra, una cimitarra. Pueden observarse tres riachuelos de sangre en su cuello. También pueden verse dos sirvientes que beben la sangre de su cabeza cercenada. ¿Qué conclusiones sacar pues de esta representación de Chinnamasta? Comprenderla es entender que es la diosa de las contradicciones. Por una parte, roba la vida, pero por la otra, también la concede. Es un símbolo de la energía sexual y también del autocontrol sexual. Nuestro entendimiento depende totalmente de cómo veamos sus representaciones. Para muchos buscadores de conocimiento, Chinnamasta es sinónimo de despertar espiritual, sobre todo en cuanto al despertar de la energía Kundalini. Su cabeza cercenada representa el sacrificio personal, pero también se asocia con la dominación sexual. Si bien no es una de las diosas más populares, sí es importante entre devotos y practicantes de lo esotérico.

### Dhumawati: La Diosa Viuda

Aunque esta diosa se nos presenta como una viuda, en términos reales no lo es. La leyenda cuenta que se comió a Shiva. Tras destruir al Purusha (el elemento masculino), se quedó sin nada. No obstante, ella es Shakti, el elemento femenino de la energía. Dhumawati tiene una sed y un apetito insaciable. A menudo es percibida como una manifestación de sus deseos insatisfechos. Aparece en un carro sin caballo que no se dirige a ninguna parte; es una viuda marginada de la sociedad. Dhumawati es fea y desafortunada, y a menudo aparece en forma de mendiga. Está presente allá donde hay hambre y peligro, donde se llora la pérdida de un niño y donde viven los leprosos. La imagen de la diosa refleja la forma en que se percibía a las viudas en la sociedad: mujeres a los que los demonios poseían fácilmente. No obstante, también está considerada una Divina, así que deberíamos tenerle cierto miedo. A menudo se la ilustra como una bruja pendenciera y astuta. Dicho brevemente, Dhumawati es un símbolo de todas las miserias que ofrece la vida. Lo más interesante de esta diosa es que otras historias le atribuyen cualidades opuestas a las que explicamos aquí. Algunos textos hindúes la describen como radiante, poderosa y muy atractiva. Dhumawati se convirtió en Sati, tal como cuenta el Purana: a Sati le entró hambre y le pidió a Shiva que le trajera algo de comer. Shiva se negó, pues no creía que le correspondía hacer eso. Sati se enfureció tanto que lo devoró, lo que enojó a Shiva, quien exigió a Sati que lo dejara salir. Sati obedeció a regañadientes. Cuando salió, Shiva le lanzó una maldición y le dijo que sufriría todos los infortunios de una viuda. Tanto se enfureció Sati que su cuerpo desprendió un humo que ocultó su belleza. A partir de entonces se llamaría Dhumawati y viviría con un cuervo en campos de cremación.

## Bagalamukhi: La Diosa Que se Agarra la Lengua

La fascinante historia de Bagalamukhi es muy popular entre estudiantes de la doctrina hindú. Madan, un demonio, se volvió austero para conseguir una bendición de vak siddhi (la perfección del discurso). La bendición permitió que todo cuanto Madan dijera se hiciera realidad, pero, dado que era un demonio, abusó de la bendición y empezó a matar a todo el mundo. Esta actitud enojó tanto a los dioses que llamaron a Bagalamukhi, quien detuvo su ola de matanzas agarrándole la lengua, donde estaba el origen de su conducta destructiva. Destruyó su capacidad de discurso, pero, antes de poder matarlo, Madan le rogó que le permitiera ser adorado junto a ella. Bagalamukhi accedió. Aparece sosteniendo un garrote en una mano, mientras que con la otra se agarra la lengua. Esta historia nos dice que Bagalamukhi tiene el poder de paralizar a sus oponentes y que las palabras no le afectan. Representa los poderes místicos llamados "siddhis", que significa *perfecciones.* Su yantra dice: "Oh, Bagalamukhi, te rogamos que detengas la lengua de los perversos, que paralices sus rostros, corrijas su discurso y destruyas su intelecto".

## Matangi: La Diosa Que Ama la Contaminación

Esta diosa está representada como la deidad de la música y el aprendizaje. Matangi administra el conocimiento, las artes y la música. Adorar a esta diosa supone buscar poderes sobrenaturales, sobre todo al hacer amistades, derrotar a nuestros enemigos o conseguir maestría en el conocimiento. Al igual que otras diosas de esta lista, aparece en muy diversas formas. En su manifestación de Ucchista Chandalini, es una proscrita que se alimenta de comida parcialmente masticada. En otras representaciones se dice que come las sobras de mesas mortales. Sin embargo, algunos dicen que Ucchista Chandalini recibe sobras de comida con manos sucias, lo que se considera impuro en el hinduismo. Matangi aparece ilustrada con un color verde esmeralda, y a Ucchista Chandalini se la puede ver sentada sobre un cadáver, sosteniendo un cuenco hecho con una calavera y una espada. En otras imágenes aparece sosteniendo un loro.

## Kamala: La Última, Pero no la Menos Importante

Kamala es una diosa muy popular en el hinduismo. Se caracteriza por la pasión, el placer, el amor y las relaciones, y es la "chica del loto" hindú, ya que promueve la fidelidad, el goce mutuo y el amor y cariño en abundancia. Cuando la llamamos, buscamos conciencia espiritual en nuestras relaciones físicas. Kamala es una manifestación de Lakshmi, y puede encontrársela en la celebración del nacimiento de Krishna como su compañera y amante. Kamala posee una energía lujuriosa. Sus devotos visten de amarillo para invocarla. Además de ser la Diosa de la Sabiduría, también lo es de la conciencia y la creación. Se la representa de manera hermosa y sensual, con piel dorada (símbolo de riqueza) y sentada sobre una flor de loto. En sus manos sostiene otros dos lotos que representan la abundancia. Su nombre significa *La Dama del Loto* y es a menudo percibida como Kamalatmika. Es la diosa de la riqueza espiritual y material, así que no es sorprendente que se la adore en tiempos de pobreza extrema. Kamala es benigna y bienintencionada. Sus fieles le piden riqueza, fortuna, poder y seguridad.

Las historias de las diez diosas representan las cualidades que viven en todos nosotros, tanto hombres como mujeres. A través de los retos a los que se enfrenta Shakti, la Diosa de la Sabiduría, podemos aprender e inspirarnos con la bondad posible en el mundo y los retos que la humanidad debe superar. Estos cuentos nos enseñan a alcanzar nuestro máximo potencial y convertirnos en la mejor persona que podamos ser.

# Capítulo Seis: Niveles Inferiores de Shakti: Yoginis y Dakinis

Los panteones hindú y tibetano están llenos de figuras femeninas, incluyendo demonios y deidades conocidas como yoginis y dakinis. Estos términos pueden aplicarse tanto a figuras individuales como a grupos enteros de deidades. Según varias fuentes tántricas, el término también se aplicó a varios personajes históricos.

Aunque las yoginis y las dakinis son eternas, varias fuentes históricas demuestran que en la India existió un enorme culto dedicado a estas deidades entre los siglos IX y XIII d. C. Se han descubierto al menos nueve templos dedicados a ellas en todo el país, los más famosos de los cuales se encuentran en Orissa, Madhya Pradesh, Tamil Nadu y Uttar Pradesh, estados muy conocidos de la India. Existen muy pocos templos Chaustah yogini, pero se cree que en el pasado hubo muchos más. Algunos de estos templos podrían estar dedicados únicamente a ciertas yoginis en particular.

Se cree que estos santuarios eran centros de prácticas tántricas, y que a menudo se utilizaban para conseguir "siddhis" o poderes supernaturales. Hablaremos de esto más tarde, pero por ahora, es necesario echar un breve vistazo a las yoginis y dakinis.

Estos santuarios siguen usándose a día de hoy con el mismo propósito. Se realizaban rituales para conseguir habilidades extraordinarias o sobrenaturales; sin embargo, este sigue siendo un motivo de debate, ya que en la actualidad se considera una equivocación. El Sadhaka (practicante) se sometía a estos rituales y prácticas para controlar, además de su propia estructura mental y física, otros elementos como el dinero, la lluvia, la salud, etc. Se creía que los siddhis también podían conceder poderes destructivos.

Según ciertas inscripciones, se cree que los rituales Dakini fueron bastante populares hasta el siglo XVI. Sin embargo, su popularidad decreció drásticamente, sobre todo en religiones populares, hasta el punto de que la mayoría de los templos fueron abandonados. Incluso en la actualidad, esos templos no cuentan con tantos visitantes o devotos como otras tradiciones. Aprendamos ahora un poco más sobre yoginis y dakinis.

### Yogini, Naljorma

Yogini es una palabra que se usa a menudo en círculos tántricos y espirituales del subcontinente indio. También se usa para nombrar a varias diosas en el hinduismo, tantra y budismo moderno. Si bien se considera que el número tradicional de yoginis es 64, diversas escuelas han redactado listas diferentes, algunas de las cuales han cambiado considerablemente al paso de los años. Aunque en la actualidad la mayoría las consideran deidades menores, las yoginis fueron y siguen siendo diosas de gran importancia. Lo demuestra el hecho de que en religiones tibetana e hindú se las sigue considerando poderosas.

En cuanto a las descripciones de las yoginis, hay mucha información disponible en el Kalika Purana hindú y el Bardo Thodol tibetano, si bien en el primer caso la palabra se utiliza con una variedad de diosas, ya fueran populares o no.

En el Tantra budista e hindú, el término también se aplica a mujeres que han sido iniciadas en la práctica de rituales avanzados, incluyendo el stree puja y el yoni puja (el "puja" es un ritual de adoración hindú).

Respecto a la ya mencionada variedad de definiciones, se cree que el término se usó con distintos propósitos. Por ejemplo, era una palabra honorífica para ciertas mujeres. A menudo se usó para referirse a una clase de mujeres ascetas (chamanes y curanderas). También se utiliza para referirse a mujeres que han sido poseídas por las diosas.

### Dakini, Khadroma, Khandro

Las Dakinis son supuestamente traviesas y el término puede causar mucha confusión. "Dakini" es una palabra que ha sido utilizada en varias culturas, como la hindú y la tibetana, para referirse a diversos seres, por lo que tiene varios usos y significados que solo pueden entenderse con el contexto.

Es un término genérico en sánscrito referido a una clase de deidades femeninas. Supuestamente, hay más de 100.000 de estas divinidades, muy conocidas en el hinduismo y ciertas formas del budismo. Las dakinis son generalmente "digambara" o "revestidas de cielo", es decir, que están desnudas y solo el cielo les proporciona cierto ropaje.

En muchas leyendas hindúes, las dakinis son seres semi-divinos y están asociadas a connotaciones negativas. A menudo se las percibe como demonios, espíritus malignos o incluso brujas. En la India moderna, muchas mujeres que supuestamente practican la magia negra con intenciones perversas se conocen como dakinis.

En el área predominantemente budista de Ladakh, las dakinis cuentan con una mucho mejor reputación. Se las invita a bodas para bendecir a los novios y darles fortuna, una tradición que sigue vigente en Ladakh.

En ciertos casos, "Dakini" también se utiliza como nombre propio de algunas diosas. Un buen ejemplo es Chinnamasta. La diosa que gobierna el Muladhara chakra también es conocida como Dakini.

En el budismo Vajrayana, las deidades más iracundas reciben el nombre de Dakini y forman parte del yidam. Aunque la mayoría de textos originales y traducidos tienden a usar el término en sánscrito, las palabras tibetanas *khandro* o *Khadroma* aluden a la mujer de forma mucho más positiva. Por lo tanto, estas deidades son mujeres corrientes que alcanzan el más alto nivel de realidad. Su desnudez representa la inmensa claridad de la verdad que pueden mostrar. En Bardo Thodol, "Dakini" es supuestamente el principio de energía femenina y está asociada a la inteligencia y el conocimiento, cualidades que pueden usarse para crear o destruir.

"Dakini" también se emplea como título honorario para encarnaciones vivientes de diosas, iluminadas y mujeres iniciadas en la práctica de la sexualidad ritual. Estas mujeres han jugado un papel importante a la hora de propagar las enseñanzas Vajrayana, aunque suelen ser maestros y alumnos masculinos quienes se llevan el crédito por ello. En el Tibet, Dakini también es un nombre personal.

Algunos autores y escritores dicen que las dakinis son solo consortes o emanaciones de Buda. Aunque el Tantra budista tiene un dinamismo menos energético hacia las mujeres, sobre todo en comparación con el Tantra hindú, las dakinis siguen siendo equivalentes y a menudo superiores a sus homólogos masculinos.

En las enseñanzas tántricas, es posible adquirir sabiduría, iluminación y liberación únicamente con una combinación de método y objetivo. El camino, o el aspecto metódico de esta combinación, es supuestamente la parte masculina, mientras que el objetivo es el aspecto femenino.

## El Culto de Yoginis y Dakinis

La adoración de Dakinis y Yoginis se convirtió rápidamente en un culto. Según algunos investigadores, los orígenes de este culto pueden encontrarse en las tradiciones animistas de los aborígenes o los Adivasi. Algunos creen que pudo evolucionar a partir de la adoración a deidades folklóricas de la naturaleza en torno al siglo VII a. C. Estas prácticas se mezclaron luego con las del Tantra y el Shakti, de lo que resultó una nueva combinación.

Muchos hindúes ya conocen las diversas prácticas tántricas asociadas con la adoración de Mahadeva, el Gran Dios (también conocido como Lha Chenpo en tibetano). Por ejemplo, en la Senda del Tiempo o Kaula Marga, se incluyen varias yoginis relacionadas con los distintos círculos y chakras de la experiencia. Por ejemplo, cuando la deidad es invocada en forma de Bhairava, es adorada a través del chakra Bhairava. En este caso, el ritual abarca las cinco emes del Tantra: mamsa (carne), Matsya (pescado), madhya (alcohol), mudra (trigo reseco) y maithuna (el acto sexual). El devoto debe romper los tabús del jati, la casta, así que un adorador masculino hará el "maithuna" con una mujer de casta baja, como una lavandera. En la actualidad ya no se practica la ofrenda de las cinco emes, y solo unos pocos templos en toda la India la aceptan.

Estas prácticas suelen emplearse para adorar a la mayoría de las deidades iracundas, como Durka, Kali, Bhairava, etc. Kali y Durga son dos furiosas consortes de Shiva y su adoración suele implicar sacrificios animales. En otras regiones, algunas actividades normalmente prohibidas forman parte de la adoración ritualista. En muchos textos tántricos, el acto sexual es un código para otros aspectos.

## ¿Yogini o Dakini?

Aunque yoginis y dakinis son lo mismo según la consideración pública general, sigue habiendo una distinción entre ambas, por lo que dichos términos no deberían intercambiarse. Shakti es la diosa suprema del máximo orden. Es la encarnación absoluta de su propio derecho.

Supuestamente, Sudramuni Sharala Das compuso el Chandi Purana en el siglo XV d. C. en Orissa. En este Purana, las yoginis representaban las muchas formas y cualidades de la Diosa Suprema o Devi. Sus devotos son conocidos como *Shaktas*. Cada yogini está asociada también a distintas partes del cuerpo.

En otros textos, las yoginis están consideradas ayudantes de la Gran Diosa. En el budismo tibetano, el término dakini hace referencia a una deidad femenina que ejerce de ayudante o mensajera de la diosa.

El término *yogini* se usa para referirse a varias mujeres misteriosas capaces de provocar magníficos y extraordinarios cambios, pero la palabra alude a una yogi femenina. Una yogini es, en principio, una practicante de tradiciones tántricas y otras prácticas relacionadas. En mitos y leyendas asociadas a las yoginis, se dice que conceden poderes mágicos o sobrenaturales, como los siddhis a los devotos: transformar a alguien en animal, telequinesia, etc.

Dakini mantiene la connotación de una entidad "terrorífica". Muchos textos hindúes emplean el término para referirse a una bruja, una hechicera o incluso un demonio. Las dakinis pueden volar, razón por la cual la mayoría de sus templos no tienen techo.

Algunas formas de la antigua práctica de la brujería han sobrevivido en el estado de Orissa. Por ejemplo, los Santal del distrito Mayurbhanj siguen practicando la brujería. Las brujas Santali suelen dejar a sus maridos por la noche y reunirse en el bosque, donde se desnudan y pasan la noche bailando y cantando junto a espíritus y fantasmas conocidos como "bongas", además de con leones. Vuelven a sus camas antes del amanecer. Los Santal creen que las brujas no nacen, sino que se hacen. Cualquiera puede convertirse en bruja con disciplina estricta.

### Sesenta y Cuatro

En varias sectas y tradiciones religiosas de la India, la diosa tiene ocho formas principales conocidas como las Ashta Matrikas; las ocho madres. Cada una de esas ocho madres cuenta con ocho ayudantes, lo que nos lleva al número 64. Estas Matrikas no son tan terroríficas o feroces como las Chamundas y, por lo tanto, no aparecen en el templo de Hirapur (ver más abajo).

Las siete Sapta Matrikas aparecen a menudo esculpidas en el exterior de los templos de Shiva, mientras que la octava es supuestamente la consorte de la diosa. Son Maheshwari, Brahmi, Aindri, Vaishnavi, Kaumari, Chamunda y Varahi. Con frecuencia aparecen ilustradas con Ganesha y Veerabadhra a su lado. En el Devi Mahatmyam, un Purana dedicado a la diosa, se explica con detalle la leyenda de los 64 yoginis. El Devi logró matar a Raktabija, un asura (demonio), con muchas dificultades dado que cada gota de sangre daba luz a un nuevo demonio. Las 64 yoginis bebieron la sangre caída del cuerpo del demonio y así lograron destruirlo.

Hay seis templos Devi importantes en Orissa, de los cuales cinco están consagrados a la Diosa Chamunda, quien aparece representada como una anciana demacrada encima de un cadáver. Tiene venas y tendones prominentes, ojos saltones y una gran boca abierta. El santuario de Vetali también está dedicado a ella, salvo que ahí se la adora en forma de espíritu o fantasma. Chamunda es la diosa principal en estos santuarios, mientras que las otras aparecen representadas en forma de Matrikas.

En este templo encontramos dos espeluznantes imágenes de Bhairava. En una sostiene un cuchillo, mientras que en la otra tiene una cabeza humana cercenada junto a él. De hecho, la cabeza humana es una imagen que se repite a lo largo del templo, razón por la cual la gente suele creer que los sacrificios humanos eran práctica habitual en este templo. Supuestamente, esos sacrificios los llevaban a cabo las sectas Kalarnukha y Kapalika, de la secta Pashupatinath (que significa "Maestro de Animales") y es una forma de Shiva.

El último templo está dedicado a la diosa Varahi. Aquí, el ídolo muestra una cabeza de jabalí con pelo rizado y sostiene un pez. Su vahana (o vehículo) es un búfalo.

### El Culto Yogini

El culto a las yoginis alcanzó su máxima prominencia entre el 800 y el 1.300 d. C., así que es lógico que la mayoría de los templos que perduran se construyeran en ese período. Muchos historiadores consideran lo consideran un culto muy influenciado por las prácticas tántricas, o viceversa. Supuestamente, el culto realizaba estas prácticas para obtener grandes poderes. Fieles y devotos se entregaban a rituales oscuros, incluyendo la ceremonia del Shava Chhedan, que consiste en decapitar un cadáver. Esto se usaba como símbolo de la separación de los deseos terrenales. Se suele creer erróneamente que este culto realizaba también sacrificios humanos, lo que es falso: nunca dañaban a seres vivos.

Hasta el año 1.500 d. C. pueden encontrarse numerosas referencias a este culto en los anales de la historia. En la parte oriental del subcontinente indio, los adoradores de las yoginis iban de casa en casa en busca de cadáveres, sobre todo en familias pobres, prometiendo que le concederían un magnífico funeral una vez hubieran terminado sus rituales.

Esta práctica perdió popularidad a finales de siglo, sobre todo con el auge del movimiento Bhakti que barrió el subcontinente. Los rituales Yogini se consideraban macabros y terroríficos, además de diametralmente opuestos a las enseñanzas Bhakti, que predicaban el amor de Dios en su forma pura. El movimiento Bhakti consideraba que este era el mejor camino hacia la "realización personal". Esto, mezclado con otras razones, acabó lentamente con el culto yogini y lo confinó a los márgenes sociales, donde aún sobrevive. Por esta razón, se abandonaron muchos templos yogini que, a la postre, se deterioraron. Debido a las leyendas asociadas al culto, incluso los turistas contemporáneos tienen miedo a entrar en estos templos.

Hay cuatro templos que siguen en buenas condiciones: Ranipur, Hirapur, Bhedaghat y Jharial. Muchos de estos templos no se descubrieron hasta 1953.

Khajuraho: El símbolo tántrico del culto yogini es una rueda con 64 radios llamada chakra. Cada radio representa a una yogini o una forma de Shakti. En la mayoría de los templos, las esculturas siguen en buenas condiciones y no son tan eróticas como en otros templos, lo que demuestra que el culto yogini no creía en el erotismo y el sexo como camino al descubrimiento personal.

En el sistema budista Kalachakra, la Rueda de Emanación es un chakra con 64 canales que se encuentra en el ombligo. La gobiernan 64 diosas del Discurso Mandala.

### Linajes

Matsyendranath (o Luipa) estableció un sistema de ocho chakras que forman la base del sistema tántrico Kaula Marga. El número 64 deriva de este sistema. Los ocho pétalos de los pericarpios forman los "chakras" o lotos.

Se cree que el sistema Kaula Marga era una secta derivada del Shivaísmo Kashmiri, aunque su orientación era similar a la de los Shivas Tamil.

El noveno capítulo del Kaulajnananirnaya, presumiblemente escrito por Matsyendranath, detalla el sistema de ocho chakras. Según el libro, todas las yoginis cuentan con renombre en "*Kamarupa*"; una palabra muy densa, ya que puede emplearse para referirse a la "forma del deseo", es decir, el mundo real, donde todo nace a partir del Deseo. Kamarupa también alude a cierta región en la antigua India que en la actualidad se conoce como Assam. Prediciblemente, hay muchos artefactos tántricos en la Assam moderna. En "sandhya bhasha" (el "crepúsculo" o discurso simbólico), la palabra también sirve para referirse al "yoni", los genitales femeninos. Su símbolo es un triángulo que representa el chakra "raíz", también conocido como Muladhara.

Los practicantes meditan sobre cada uno de los 64 pétalos para inducir a la yogini interna, quien concederá a cambio su habilidad especial o siddhi. Según la tradición Kaula, las 64 redes de matrices están presentes en los secretos de la perfección corporal.

Otro concepto relacionado con esto es el Dasha Mahavidyas, los Diez Grandes fragmentos de conocimiento, que son comunes en la India y que están representados, o más bien personificados, en las diosas. Esto demuestra que había muchos más templos dakini en la India y en zonas colindantes, aunque no todos estaban dedicados a las 64 yoginis en total.

# Otros Números

Troma Nagmo, o Krodha Kali, viene acompañado supuestamente de cuatro dakinis según las tradiciones budistas. Juntos, estos cinco representan la Sabiduría de las Cinco Familias Buda.

### Hirapur: Un Templo Yogini

El templo Chausath Yogini de Hirapur está considerado uno de los templos yogini más antiguos y excepcionales de la India. Era un templo Mahamaya a orillas del río Bhargavi en la ciudad de Hirapur, situada a unos 15 kilómetros de Bhubaneswar, la capital de Orissa. Es un templo "hipoetral", es decir, que carece de techo. En la India solo hay otros tres templos con las mismas características: los de Bhedaghat, Ranipur y Khajuraho.

La principal deidad de Hirapur es Mahamaya, que viste adornos de color rojo y bermellón. Mahamaya es también el nombre de la madre de Siddhartha Gautam.

### Arquitectura

El templo de las 64 yoginis de Hirapur es el templo yogini más pequeño de la India. Con apenas 2'7 metros de altitud y 9 de longitud, se trata de un pequeño recinto circular compuesto de bloques de arena y laterita.

Es único en su categoría, pues ningún otro templo yogini en la India cuenta con figuras femeninas en los muros exteriores. Esto ha hecho que muchos especulen si podría haber sido un santuario budista en su momento. En el exterior hay nueve nichos con una escultura dakini cada uno. Las dakinis aparecen sobre un montón de cabezas humanas y sostienen una lanza o bien un cuchillo curvo junto con un cáliz de calavera.

El templo tiene un zaguán saliente, algo que rara vez se aprecia en otros templos yogini. En el zaguán pueden verse dos porteros esqueléticos ornamentados con tobilleras de serpiente y una guirnalda con forma de calavera. Uno de ellos sostiene una cabeza humana. Al fondo hay otras dos figuras esqueléticas con cálices de huesos y un chacal o un perro.

La entrada oriental es corta y estrecha, de modo que el devoto deberá entrar agachado. El templo principal no tiene techo: únicamente el cielo lo cubre. El muro interior tiene unos dos metros de alto y en él se encuentran 64 nichos con figuras femeninas, de los cuales solo perduran 60.

Las sesenta y cuatro deidades son también conocidas como Chausatis, dakinis, yoginis, shaktis o bhairavis. Aparecen mencionadas en numerosos textos, especialmente en el Skanda Purana. Estas figuras se han esculpido en clorita negra y miden aproximadamente medio metro. Representan a una mujer voluptuosa con una falda y un corsé ornamentado. Además del cinturón, cuentan con siete ornamentos simbólicos: brazaletes, tobilleras, collares, pendientes, pulseras, muñequeras y guirnaldas. Muestran cabellos de estilo sencillo, normalmente con rodetes o bucles. Algunas son cazadoras o guerreras, por lo que llevan arcos y flechas. Otras llevan un tambor o ruedas de volante. También pueden verse unas pocas figuras con cuatro brazos.

Las monturas o "vahanas" de las dakinis varían. Algunas usan tortugas, loros, peces, serpientes, ranas, escorpiones, ratas, etc. Otras están de pie sobre cabezas decapitadas. Muchas de las figuras muestran rostros animales, incluyendo asnos, caballos, elefantes, liebres y leones.

### Historia

Se considera generalmente que el templo de Hirapur se construyó entre los siglos VIII y X d. C., durante los reinados de Bhauma y Somavamsi. Esto se deduce a partir de las figuras del templo, ya que son bastante parecidas a las esculturas de los templos de Mukteshwar en Bhubaneswar, que se remontan al siglo IX. Este período es también conocido como la edad de oro de Orissa, puesto que la dinastía proporcionó mecenazgo a diversas artes. Hay mucha especulación en cuanto a la posibilidad de que el lugar acogiera también un santuario mucho más antiguo.

# Capítulo Siete: Shakta Agamas: Mantras y Yantras de Shakti

Los Agamas son un grupo de escrituras que proceden de varias escuelas religiosas hindúes. La palabra "agama" significa tradición, o "lo que ha bajado". Los textos consisten en un conjunto de ideas en las que se incluyen la epistemología, la cosmología, la construcción templaria, preceptos de la meditación, doctrinas filosóficas, cuatro tipos de yoga, mantras y la adoración religiosa. Se escribieron en telugu, sánscrito y tamil.

Las tres ramas principales de los Agamas son Vaishnava, Shaiva y Shakta. Estas tradiciones también son conocidas por ser prácticas tántricas, si bien el Tantra suele utilizarse para referirse únicamente a las tradiciones Shakta. La literatura Agama constituye un gran volumen de textos; de ellos, 27 están dedicados a Shakta, 28 a Shaiva y 108 a Vaishnava, además de incluir muchos Upa-Agamas o subtextos.

La cronología y el origen de los Agamas no están del todo claros. Algunos textos se consideran védicos; otros, no védicos. Los Agamas incluyen el Yoga Kundalini, la realización personal, el ascetismo, el dualismo (Dvaita) y el monismo (Advaita). A juzgar por los hallazgos arqueológicos, puede demostrarse que los textos

---

Agama existieron al menos a partir del siglo d. C., cerca de la época de la dinastía Pallava.

También hay textos e ideas similares en la tradición Shramana, como en el Jain y en escritos budistas.

### Etimología

El término *Agama* comprende dos palabras del sánscrito: "gama" (ir) y "aa" (hacia). Así pues, la composición de dos palabras crea una nueva que significa "lo que ha bajado".

Literalmente, Agama significa tradición e incluye todas las doctrinas y preceptos que han acabado convirtiéndose en tradición. "Agama" también se utiliza como nombre genérico para varios textos que conforman la base del hinduismo.

### Shakta Agamas

Los Shakta Agamas incluyen a Shakti y Shiva de forma y visión unificada. Dicha forma unificada está considerada la base del conocimiento espiritual.

Los Shakta Agamas son también conocidos como Tantras. Rinden pleitesía a la forma femenina de la diosa. Se centran en el aspecto femenino del universo y creen que es parte esencial de la existencia cósmica. El concepto del poder o Shakti femenino también aparece en la literatura védica, pero los textos Shakta Agamas lo exploran en detalle, ya que se retratan a lo femenino como el aspecto creativo de la divinidad masculina. Es la esencia ubicua de lo divino y el poder cosmogónico. Las energías o principios femenino y masculino se encuentran en un continuo estado de trascendente, primordial y alegre unidad. Lo femenino es la "creación". Ella es la actividad, el saber y la voluntad. La hembra está considerada lo Absoluto según los Shakta Agamas o textos tántricos.

Los Shakta Agamas están estrechamente relacionados con los Shaiva Agamas, salvo que se centran en Shakti en lugar de Shiva. Según varios estudiosos, Shakti y Shiva son dos aspectos de la misma verdad; una es dinámica y la otra es estática. En estos aspectos, la forma masculina es trascendente, mientras que la femenina es inminente. Ambas formas se necesitan mutuamente: Shiva no puede existir sin Shakti, y Shakti no puede existir sin Shiva.

Hay 64 Tantras Shakta. Los textos tántricos más antiguos se conocen como Yamalas.

# Yantras

### ¿Qué es un Yantra?

Yantra significa "instrumento" o "apoyo". Es un diseño geométrico que hace las veces de herramienta para la concentración, la contemplación y la meditación. Los yantras tienen un gran significado espiritual y también diversos significados dependiendo del contexto.

El yantra se utiliza como punto focal para ver el absoluto. Cuando concentramos nuestra mente en un único punto u objeto, como el yantra, nuestro diálogo interno se detiene. Nuestra mente acaba por soltar también el objeto, y entonces puede permanecer vacía y en silencio. En fases avanzadas, es posible unirse con Dios mediante la visualización geométrica del yantra.

Suele considerarse la imagen micro cósmica del universo macro cósmico y más allá. Es un punto focal que nos permite concentrarnos en nuestros portales interiores y exteriores. Hay varios tipos de yantras que se centran en diferentes deidades. Así pues, cuando nos concentremos en un yantra, debemos pensar también en la deidad particular que preside el yantra. De este modo obtendremos las bendiciones y fuerzas creativas asociadas con la deidad.

Los yantras están diseñados para que el ojo siempre se fije en el centro. Pueden ser bidimensionales o tridimensionales, y se pueden construir con varios materiales.

El más conocido es el Sri Yantra, el yantra de Tripura Sundari.

## ¿Cómo Funcionan los Yantras?

Los yantras se basan en la noción de que la energía tiene forma. Según esta idea, cada forma emite un patrón o frecuencia de energía específica. Las cruces mandala, la estrella de David, los pentágonos, las pirámides y etcétera se basan en esta noción. Algunas de estas formas son positivas, pero otras tienen sentidos negativos. Los yantras, por su parte, son únicamente positivos.

Cuando alguien se centra en el yantra, su mente resuena con la energía que procede del mismo. Gracias a esa concentración, la energía se puede amplificar y mantener durante mucho tiempo. El yantra es simplemente la puerta de acceso a una energía que no se origina en el yantra, sino que procede del macrocosmos. El yantra únicamente la canalice hacia la mente y el cuerpo.

Los yantras son, por lo tanto, llaves secretas con las que podemos formar un vínculo con las energías del macrocosmos. A menudo pueden ayudarnos a conectar con entidades y energías de alto poder. De este modo, es posible crear una revolución en nuestro camino a la espiritualidad.

## Los Yantras en Occidente

Los yantras no son muy conocidos en occidente. Mucha gente los considera simplemente ilustraciones bonitas, y los artistas afirman a menudo que los dibujan a partir de su imaginación. Esto queda muy lejos de lo que los yantras significan y representan. Los yantras no pueden extraerse de la imaginación, ya que cada forma representa algo específico. Los yantras no se inventaron: se descubrieron tras años de clarividencia y revelaciones. Si bien es posible revelar un nuevo yantra, es necesario ser un gurú experto o un verdadero maestro espiritual para hacerlo.

### Formas de los Yantras

El poder de los yantras depende en buena parte de su forma y resonancia. Están hechos de una o más formas geométricas que componen un modelo preciso que representa y transfigura el universo físico, además de extraer el poder de la deidad correspondiente. Así pues, los yantras sirven el mismo propósito que los mantras, solo que en forma física. Mediante la resonancia del yantra, diversas energías procedentes del macrocosmos empiezan a vibrar en el microcosmos del practicante, quien de esta forma puede resonar con la ventana cósmica, el yantra, el aspecto y fenómeno de la energía y la deidad correspondiente, que le proporcionará un vínculo entre lo humano (el microcosmos) y la creación (el macrocosmos). No es de extrañar que los yantras sean una parte importante de las religiones indias, incluyendo el hinduismo, el budismo y el jainismo.

### Partes del Yantra

Cada yantra está compuesto por un conjunto de líneas, formas y figuras. Cada línea tiene su significado y representa algo. En la mayoría de los yantras, el punto central es el núcleo de todas las energías y las líneas las amplifican.

El núcleo del yantra puede tener una o más figuras geométricas sencillas (a veces, complejas), incluyendo triángulos, puntos, líneas, círculos, cuadrados y lotos. Cada forma representa un tipo diferente de energía.

### El Punto (Bindu)

El Punto o Bindu forma el núcleo del yantra. Representa la concentración de energía. Es, en cierto modo, un depósito de energía que puede irradiar a otras formas. El punto está rodeado de otras formas, como círculos, hexágonos, triángulos, etc. Estas formas dependen sobre todo de las características de la deidad correspondiente. El Bindu también está considerado una forma de Shiva y, por lo tanto, la fuente de la creación.

### El Triángulo (Trikona)

El triángulo (trikona) se utiliza como representación de Shakti, o la noción femenina de la energía de la Creación. Un triángulo que apunta hacia abajo es el Yoni, los genitales femeninos; símbolo de la fuente suprema del universo. El que apunta hacia arriba representa el deseo espiritual y el elemento del fuego o "Agni Tatva". Este triángulo también se conoce como Shiva Kona, mientras que el que apunta abajo se denomina Jala Tatva por representar el elemento del agua, ya que el agua tiende a fluir hacia abajo. El triángulo encarado hacia abajo se conoce como Shakti Kona.

La intersección de varias figuras geométricas recaba energías superiores y más intensas que las de formas o figuras simples. Esta interpretación puede llevar a interactuar dinámicamente con las energías correspondientes. Los espacios vacíos que crean estas combinaciones se consideran campos que emanan fuerzas procedentes del macrocosmos; por eso, estos espacios incluyen a menudo mantras diferentes. El Mantra y el Yantra se utilizan en combinación, ya que ambos son aspectos complementarios de Shiva. Cuando se usan juntos tienen un efecto más intenso. Combinarlos, pues, resulta mucho más eficiente.

### La Estrella de Seis Puntas (Shatkona)

Esta es una de las formas más populares de los yantras. Se construye superponiendo dos triángulos opuestos de manera que compongan una estrella de seis puntas. Shaktona es una combinación de las palabras "shat" (que se pronuncia "shut" y significa "seis") y "kona" ("ángulos"). La Shaktona es conocida como Estrella de David en el mundo occidental. Simboliza la unión de Shiva y Shakti, o del Purusha (hombre) y el Pakriti (el ser o la naturaleza). Sin esta unión, la creación no habría sido posible.

## El Círculo (Chakra)

Otra forma geométrica bastante sencilla que se usa a menudo en los yantras. El círculo representa la rotación y está fuertemente asociado al principio fundamental de la evolución del macrocosmos. También representa las perfecciones y el vacío creativo. Está reflejado en el elemento del aire o "Vayu Tatva".

## El Cuadrado (Bhupura)

La forma cuadrada también se encuentra con frecuencia en los yantras. Suele usarse como límite exterior del yantra y representa al Prithvi Tatya, el elemento de la tierra.

Cada yantra empieza desde el centro, marcado por un pequeño punto, y termina con un cuadrado exterior. Este patrón se usa para representar el sentido de la evolución universal, que empieza desde algo pequeño y sutil, pero termina formando objetos grandes e importantes. La evolución empieza con éter y termina con la tierra.

Aunque muchos yantras se forman a partir de las figuras antes mencionadas, a veces también se utilizan formas más intrincadas para representar otras cosas. Estas formas, que representan funciones y direcciones específicas, incluyen pinchos, espadas, flechas, tridentes, etc.

## El Loto (Padma)

El loto y sus pétalos denotan variedad y pureza. Cada pétalo del loto representa un aspecto diferente. Cuando un yantra incluye el símbolo del loto, este representa la libertad desde varias interferencias del exterior y nos permite conectar con la fuerza absoluta del Yo Supremo.

En última instancia, el yantra es un complejo instrumento tántrico y espiritual. Se utiliza para concentrar y calmar la actividad de la mente. Tiene un impacto muy beneficioso en nuestra salud física, mental, psíquica y espiritual.

## Cómo Usar los Yantras

La meditación es la única forma de activar los yantras y conseguir que empiecen a resonar. El proceso de resonancia empieza únicamente cuando nos centramos en el yantra. Una vez la resonancia se detiene, la energía se pierde.

## Meditación Sri Yantra

Hay muchas maneras de meditar con la ayuda del Sri Yantra, pero la más sencilla es observándolo para concentrarse en la geometría del yantra. Este método de meditación suele usarse con muchos símbolos sagrados distintos. Para realizar esta meditación, usted necesitará:

*Necesitará:*

- Una pared blanca o una hoja de papel.

- Una imagen precisa del Sri Yantra. Se recomienda utilizar una ilustración sencilla en blanco y negro.

- Un cronómetro.

*Método*

Siéntese en cualquier postura con que se sienta cómodo. La postura debería permitirle permanecer alerta por un largo rato.

Ponga la imagen del Sri Yantra en su mano.

Ponga la superficie blanca ante usted o siéntese ante la pared.

Programe el cronómetro o reloj para cinco minutos. En cuanto empiece a contar, concéntrese en el yantra. Deje que sus ojos se relajen y que la imagen entre en su conciencia visual y su mente de forma pasiva.

Siga centrándose en la imagen. Su mente seguramente divagará, pero no se preocupe; tan solo vuelva a la imagen sin preocuparse ello.

Cuando pasen los cinco minutos, desvíe la vista de inmediato a la pared o superficie blanca. La imagen negativa empezará a cobrar forma y los colores del yantra se revertirán. Observe fijamente la imagen hasta que se desvanezca.

Repita este proceso cuando quiera. Si realiza este ritual durante al menos 30 días, empezará seguramente a notar la diferencia.

**Instrucciones Para la Meditación del Yantra:**

Para hacer una sesión de meditación con un yantra, siga estas instrucciones.

1. Cuelgue el yantra en una pared que apunte al este o bien al norte. Colóquelo de forma que el centro del yantra esté a la altura de sus ojos.

2. Elija una posición o postura favorita y siéntese recto. Puede hacerlo también con una silla.

3. Respire despacio por la nariz y suelte el aire por la boca. No fuerce la respiración; deje que siga un ritmo normal y natural.

4. Mantenga los ojos fijos en el centro del yantra y procure parpadear lo menos posible. No mire el resto de los detalles del yantra; mantenga los ojos fijos en el centro para poder observarlo en su totalidad.

5. Haga este ejercicio durante al menos 15-30 minutos cada día.

6. Al cabo de una semana notará una clara diferencia en su mentalidad y su vida cotidiana. De hecho, podrá fijar su atención en puntos imaginarios o evocar el yantra con tan solo cerrar los ojos y pensar fijamente en él.

7. No practique esta meditación si persigue algún objetivo. Intente mantener su karma en buen estado y deje que los objetivos entren gradualmente en la práctica de la meditación. El yantra y la meditación dirigirán la energía del macrocosmos hacia su microcosmos.

8. En etapas posteriores, el yantra absorberá su atención de forma que ya no sabrá si el yantra existe en usted o si usted existe en el yantra, o si viven en planos totalmente diferentes.

# El Sri Yantra

El Sri Yantra o yantra de Tripura Sundari es también conocido como Rajayatna, la reina de los yantras. Representa a la gran madre y el principio de energía femenina, así como a todas las formas de creatividad, poder y energía. En las tradiciones védicas y varias escuelas tántricas, este yantra está considerado la representación del universo y también del principio femenino, es decir, la energía de Shakti. Cada loto, pétalo, triángulo y línea representa una forma especial de Shakti.

El cuadrado exterior del yantra representa al elemento de la tierra, dado que, en la geometría védica, el cuadrado simboliza la tierra. Representa también las emociones mundanas y vacías, como el miedo, la ira y los deseos terrenales. El Yogi puede centrarse en el cuadrado exterior para derrotar a estas emociones y las energías problemáticas asociadas a ellas. Las cuatro figuras con forma de T son puertas hacia las cuatro direcciones por las que entra el yantra.

Los tres círculos representan presente, pasado y futuro. En el primer círculo, los seis pétalos de loto simbolizan la satisfacción total en cuanto a deseos y esperanzas. Los pétalos también representan diez órganos sensoriales: nariz, lengua, boca, ojos, piel, orejas, manos, pies, brazos y genitales, junto con los cinco elementos del mundo: agua, aire, tierra, fuego y espacio. El último pétalo representa a la mente, que se encarga de obtener toda la información a partir de estos órganos y elementos.

A continuación, tenemos al loto de ocho pétalos, cada uno de los cuales representa una actividad específica incluyendo la comprensión, el discurso, el movimiento, el placer, la excreción, las atracciones, la revulsión y la serenidad. El primer grupo de triángulos interconectados está presente en el loto interior. Los triángulos que apuntan hacia arriba indican la energía masculina, mientras que los otros representan la energía femenina. Estos triángulos también representan Shaktis o cualidades de la feminidad.

Los triángulos exteriores indican persecución, agitación, atracción, deleite, inmovilidad, engaño, liberación, placer, control, intoxicación, lujo, los deseos satisfechos, la destrucción de la dualidad y el mantra.

En el siguiente círculo, los triángulos representan donantes de riqueza, éxito, bendiciones, energía, deseos, buena suerte y belleza. También representan al apaciguador de la muerte y al vencedor de todos los obstáculos.

Los triángulos del tercer círculo indican omnipotencia, omnisciencia, soberanía, el fin de todas las enfermedades, conocimiento, la destrucción de todo mal, apoyo incondicional, satisfacción de todos los deseos y protección. Los del cuarto círculo representan creación, sostenimiento, disolución, frío, calor, dolor, placer y la habilidad de elegir nuestras acciones.

En el último espacio, el yogini puede visualizar cinco flechas que representan los cinco sentidos. El arco simboliza la mente; la soga, el apego; y el palo, la aversión. El triángulo central es el estandarte de toda la perfección. Justo en el centro del triángulo se encuentra el Bindu, que representa la conciencia pura y el estado original del ser.

### Dibujando el Sri Yantra

El Sri Yantra parece complejo y puede ser difícil dibujarlo. Durante siglos, solo los matemáticos podían dibujar Sri Yantras libres de errores. Se creía que, se crease como se crease, habría errores diminutos en el yantra que pasarían desapercibidos a simple vista, y que cuanto más gruesas fueran las líneas, más tosco sería el yantra. Las líneas gruesas también pueden hacer que el yantra sea muy impreciso. Actualmente se crean Sri Yantras precisos con la ayuda de programas informáticos.

## Cómo Usar el Sri Yantra

A la hora de usar el Sri Yantra en nuestro domicilio o lugar de trabajo, se recomienda mantenerlo apuntado al este. También es aconsejable limpiar el yantra con agua de rosas o leche, pero únicamente si está hecho de cobre o bañado en oro. Ponga siempre cuatro puntos de pasta de sándalo en las esquinas del yantra. Evite que se manche o acumule polvo. El metal cambiará generalmente de color tras limpiarlo varias veces.

### Beej Mantra

Los Beej mantras son sonidos especiales que poseen enormes poderes espirituales. Funcionan de forma misteriosa y pueden realizar grandes milagros. Hay una amplia gama de Beej mantras, compuestos por varios Beej o semillas. Esto significa que los Beej pueden considerarse las baterías energéticas de los mantras.

Los mantras deben cantarse con entera devoción, concentración y atención. Pueden satisfacer los deseos de los practicantes, además de servir como escudo protector para resguardarlos de enemigos. Esta es una lista de los Beej mantras más importantes:

### Om

Om o Aum es la representación de la sagrada trinidad: Vishnu, Brahma y Shiva. Este mantra puede ayudarnos a satisfacer todos nuestros deseos mentales.

### Kreem

El Kreem Beej es la manifestación de la Diosa Madre Kali. Este mantra puede concedernos fuerza, sabiduría y confianza para eliminar la tristeza y la aflicción.

### Shreem

Este es el Beej mantra de la Diosa Madre Mahalakshmi. Nos ayudará a conseguir riqueza, poder y prestigio social.

### Hroum

Este Beej mantra representa a Shiva. Cuando lo canta, el devoto recibe protección contra la muerte, el miedo, la desesperación y las enfermedades. El mayor beneficio de este mantra es que ayuda a conseguir la liberación.

### Doom

Representa a la Madre Diosa Durga. Este mantra puede proporcionarnos protección contra nuestros enemigos, fuerza y la capacidad de cumplir nuestros deseos.

### Hreem

Este Beej mantra representa a la Diosa Madre Bhuvaneshwari. Puede ayudar a librarnos de nuestros dolores y tristezas, además de obtener el favor de Shakti y Shiva a la vez.

### Ayeim

Representa a la Diosa Madre Saraswati. Con este mantra, el devoto puede obtener las bendiciones de Saraswati y procurarnos sabiduría, confianza, coraje, precisión en el habla y poder de comunicación.

### Gam

Este Beej mantra es la representación de Ganesh. Cantándolo con frecuencia, el devoto o practicante recibe sabiduría, conocimiento, fortuna, felicidad y protección divina.

### Fraum

Se utiliza para representar a Hanuman. Recitar este mantra nos dará fuerza, coraje, protección contra nuestros enemigos, etc. También puede ayudarnos a conseguir éxito en nuestra vida.

## Dam

Está considerado el Beej mantra de Vishnu. Puede ayudarnos a conseguir salud, riqueza y victoria, además de ayudarnos a gozar nuestra feliz vida de casado. También puede conceder protección contra enemigos, rivales y peligros.

## Bhram

Este mantra es el Beej mantra del Señor Bhairav. Puede proporcionar al adorador riqueza, salud, victoria, fama y un estatus social destacado. También puede ayudar al adorador a ganar casos judiciales.

## Dhoom

Este es el Beej mantra de la Diosa Madre Dhoomavati. Nos concederá protección ante muchos peligros, enemigos y problemas.

## Beneficios de Cantar el Beej Mantra

Cada Beej o semilla está atribuida a una deidad, de tal modo que, cuando el devoto recita el Beej, obtiene bendiciones del dios o la diosa en particular. Estos sonidos están considerados manifestaciones de las propias divinidades, razón por la que los Beej mantras son supuestamente tan potentes.

Los Beej mantras pueden protegernos de muchos peligros, problemas y accidentes. También forman parte integral de los yantras que pertenecen a cada deidad.

Si el devoto canta habitualmente el Beej mantra tal y como está estipulado, mejorará su poder espiritual. También podrá ver el poder verdadero del universo, el cual le acercará a la luz.

Estos mantras pueden ayudarnos asimismo a evitar confusiones y aliviar preocupaciones. Así pues, cantar los Beej mantras es la mejor forma de alcanzar la creación suprema y la divinidad.

# PARTE TRES: Shakti en el Yoga

# Capítulo Ocho: Kundalini Shakti: El Poder de la Serpiente

## Chakras

Los chakras son un concepto importante en el cuerpo y la espiritualidad humanas. Si diseccionáramos un cuerpo humano, no podríamos ver los chakras. Se trata de una palabra en sánscrito que significa "rueda". Aunque no son visibles, se cree que los chakras rotan y se agitan continuamente. Los espiritualistas creen que los chakras son fuentes de energía centralizada a las que rodean otras ruedas o pétalos de flores. Los chakras empiezan en el coxis o bien en la base de la columna y terminan en la parte superior de la cabeza. Se encuentran en la médula espinal, pero también en las zonas delantera y trasera de nuestro cuerpo. La energía de un chakra puede sentirse a lo largo del cuerpo.

### Colores de los Chakras

La velocidad y frecuencia de vibración de los chakras varía enormemente. El primer chakra, o chakra raíz, rota despacio, mientras que el séptimo chakra, que es el último, rota a máxima velocidad. Cada chakra tiene un color complementario al cual estimula. Los colores de los chakras están representados por los colores del espectro. El brillo y tamaño de los chakras varía según la condición física, el desarrollo individual, el estrés, las enfermedades, los niveles de energía y otros factores similares.

## Los Chakras y el Equilibrio

Si nuestros chakras están bloqueados, las energías se bloquean. Esto provoca que nuestra vida se ralentice y empecemos a sentirnos cansados, desanimados, deprimidos y fuera de nuestro elemento. El desequilibrio en los chakras afecta a nivel físico, mental y espiritual, lo que puede producir diversas dolencias, enfermedades y sentimientos negativos como miedo, dudas, estrés, etc.

Cuando están equilibrados, los chakras pueden promover nuestra salud y bienestar. Cuando se abren de par en par, podemos sentir una ola de energía en nuestro interior: es el universo fluyendo a través de nosotros. En contrapunto, cuando están cerrados, pueden bloquear la energía del universo y provocar diversas enfermedades y trastornos.

Bloquear nuestros sentimientos, emociones y energías también puede perturbar el flujo de energía natural, lo que provocará experiencias desagradables y angustiosas. Esto puede interrumpir el desarrollo, crecimiento y la maduración de los chakras. Cuando funcionan con normalidad, los chakras giran en el sentido del reloj y se abren, metabolizando así las energías del universo.

## ¿Son Visibles los Chakras?

No, los chakras no son visibles a través de los sentidos físicos, razón por la cual incluso algunos espiritualistas los ignoran. Tampoco es posible verlos o sentirlos con ningún sentido. Los yogis saben que la ciencia de los chakras tiene mucho potencial y también puede usarse incorrectamente, motivo por el que esconden cuidadosamente el conocimiento que hay detrás. También abundan mitos y concepciones erróneas sobre los chakras, y por eso han permanecido fuera del alcance de la gente corriente. Los yogis han vuelto a poner los chakras de moda, ya que han advertido la importancia de mantener los chakras equilibrados en el mundo actual. En equilibrio, los chakras llevan a una vida estable, mientras que en desequilibrio conducen a problemas físicos y mentales.

Los chakras bloqueados o desequilibrados pueden crear problemas en los pensamientos y actitudes de cada persona. Estos problemas pueden empeorar cuando los chakras importantes se bloquean, lo que deriva en enfermedades, creencias problemáticas y pensamientos negativos. Equilibrar y activar los chakras puede ayudarnos a alcanzar niveles más altos de espiritualidad.

Cuando están libres, equilibrados y abiertos, los chakras nos ayudan a obtener creatividad, relaciones afectuosas, entendimiento propio, poder personal y armonía interior.

### ¿Qué es Kundalini?

Kundalini suele traducirse como "serpiente enrollada". En el hinduismo y otras religiones de la India, Kundalini es la forma de la energía divina femenina o Shakti. Se cree que la energía se sitúa en el último chakra raíz, en la base de la columna vertebral. Este chakra es conocido como el "muladhara", un concepto crucial en el Shaiva Tantra. Se cree que el chakra de este tantra está gobernado y controlado por la feminidad divina. Esta energía puede ser recabada, despertada y cultivada gracias a las prácticas tántricas. Este proceso puede ayudarnos a conseguir la liberación espiritual. El concepto de Kundalini está asociado a Adi Parashakti o Paradevi, quien es el Ser Supremo y el poder del shaktismo. También está relacionado con Kubjika y Bhairavi. El término forma una parte integral del Hatha Yoga, que empezó en torno al siglo IX d. C. y que ahora ha sido adoptado y aceptado por muchas otras formas del hinduismo, así como del pensamiento *new age* y la espiritualidad moderna.

Hay muchos métodos para despertar al Kundalini. Diversos sistemas y escuelas del yoga se centran en despertarlo mediante prácticas como el asana, el pranayama, la meditación, el canto de mantras, etc. El Kundalini Yoga está muy influenciado por el

Tantra y el shaktismo hindú. El despertar de Kundalini suele describirse como una corriente eléctrica que fluye por la columna vertebral.

## Etimología

El concepto de Kundalini puede hallarse en la colección de textos sagrados conocida como Upanishads. "Kundalin" es un adjetivo sánscrito que significa anular, circular. Suele usarse como sustantivo para "serpiente" (ya que las serpientes suelen enrollarse) en Rajatarangini, un texto del siglo XII. "Kunda" significa tarro de agua, y fue el nombre de una serpiente divina en el Mahabharata. El Tantrasadbhava, un texto del siglo VIII, utiliza el término kundalini con frecuencia.

El Kundali también se utiliza como nombre para la Diosa Madre Durga, una forma de Shakti. Ese nombre se utiliza sobre todo en el shaktismo y el tantrismo, y su origen puede fecharse en el siglo XI. En torno al siglo XV se adoptó como término técnico en la escuela del Hatha Yoga, y se volvió habitual en otras sectas a partir del siglo posterior.

## En el Tantra Shaiva

El Kundalini es uno de los conceptos principales del Shaiva Tantra, y la idea central de varios Shakta Tantras y cultos como el de Kaula. En estas tradiciones tántricos, el Kundalini es la recopilación de la inteligencia innata que provee la Conciencia. La primera mención de Kundalini se encuentra en el Tantrasadbhava, un texto tantra del siglo VIII d. C. Hay tantras anteriores que también mencionan el movimiento del prana y la visualización de Shakti. Esto significa que la noción del Kundalini es mucho más antigua de lo que normalmente se cree. La fuerza espiritual femenina también es conocida como bhogavati, según el estudio de David Gordon White. El término tiene doble sentido: "enrollado" y "gozo". Esto demuestra que la energía femenina está íntimamente relacionada con el placer físico y mundano, junto con el placer eterno del moksha o la liberación espiritual.

Kaula es una de las tradiciones Shakta más influyentes. Según esta tradición, el Kundalini es el poder espiritual inherente y latente en nosotros. Está relacionado con la Dios Kubjija, es decir, la Retorcida. Esta es Paradevi o la Suprema Madre Diosa. Es también puro poder y felicidad, y la fuente de todos los mantras y los chakras junto con el nadis. Se utilizan varias prácticas como rituales tántricos, mantras, pranayama, bandhas, etc. para despertar nuestro poder y crear un estado de liberación espiritual y felicidad.

Abhinavagupta, uno de los principales estudiosos de las descendencias Trika y Kaula del Tantra, popularizó dos formas principales del Kundalini: el urdhava, o el Kundalini ascendente, y el adha, el Kundalini descendente.

### Descripción

El Kundalini es una forma de experiencia religiosa que nos ayuda a liberar la energía cósmica acumulada en la base de la columna vertebral.

Una vez se despierta, la energía kundalini asciende del chakra Muladhara y llega lentamente a lo alto de nuestra cabeza. Conforme la energía avanza por la columna, toca a diversos chakras y los despierta, lo que conduce a una experiencia mística. En última instancia, el Kundalini alcanza el chakra superior o Sahasrara y lleva a una extrema y profunda transformación de la conciencia.

### Invocando las Experiencias Kundalini

Algunos yogis de todo el mundo creen que es posible despertar al Kundalini con la ayuda de shaktpath, la transmisión espiritual mediante un maestro o gurú. La meditación y el yoga son otros dos métodos.

Existe otro enfoque para despertar al Kundalini, para el cual debemos soltar todos los impedimentos que puedan crear problemas para despertarlo. Según este método, no debemos más que eliminar los obstáculos sin intentar despertar activamente al Kundalini. Shaktipath es uno de los principales aspectos de este método pasivo. En él, el Kundalini de otra persona es despertado por alguien cuyo Kundalini ya esté activo. El Shaktipath no despierta permanentemente al Kundalini, pero sí puede proporcionarnos una experiencia similar.

### Hatha Yoga

Según el Goraksasataka o "Los Cien Versos de Goraksa", hay varias prácticas asociadas al yoga, como el uddiyana, el Mula bandha, el jalandhara, el banda y el kumbhaka. Todas estas prácticas pueden despertar el Kundalini. Según otro texto Hatha Yoga llamado Khechari Vidya, el mudra "Kechari" puede despertar el Kundalini y permitir al practicante acceder a las reservas de amrita presentes en su cabeza.

# El Despertar del Kundalini

El Kundalini puede ser despertado tanto si estamos preparados como si no.

Según la perspectiva tradicional, si queremos integrar la energía espiritual debemos atravesar un período de fortalecimiento y purificación de la mente, el cuerpo y el alma. El devoto también debe limpiar a conciencia su sistema nervioso. Según el Tantra y el Yoga, los maestros o gurús pueden despertar al Kundalini, pero los practicantes deben preparar su espíritu y su cuerpo por su cuenta. Esto puede hacerse mediante varias visualizaciones, ejercicios de control de respiración, el canto y el pranayama. El estudiante debe tener una mente abierta y mucho coraje para aceptar las enseñanzas.

Tradicionalmente, se visitan ahsrams en todo el subcontinente para despertar al Kundalini durmiente con la ayuda de los mantras, el canto, la meditación, los asanas físicos y el estudio espiritual.

# Interpretaciones Religiosas

## En la India

Kundalini está presente en los chakras y nadis del cuerpo. Cada chakra representa una energía especial y consiste en una característica peculiar. Si se entrena adecuadamente, el Kundalini puede moverse a través de los chakras y abrirlos. Esto provocará cambios positivos en la mente, el cuerpo y el espíritu.

El Kundalini es una fuerza durmiente que se encuentra en los humanos. Es uno de los principales componentes del "sukshma jiva", el cuerpo sutil. Otros componentes del cuerpo sutil son los chakras o centros psíquicos, los nadis o canales de energía, el Bindu o gotas de esencia, y el prana o la energía sutil.

El Kundalini está enrollado en la base de la columna vertebral. Esta localización puede variar ligeramente y encontrarse también en el ombligo o el recto. También reside en el hueso sacro en tres espirales y media.

Cuando el Kundalini se activa en forma de una diosa, asciende hasta combinarse con Lord Shiva, momento en el que el practicante experimenta una felicidad infinita y accede al mundo de la meditación profunda.

# Capítulo Nueve: La Dualidad de Shakti: Chitta Shakti y Maya Shakti

## Chitta Shakti

Chitta Shakti es la meditación de la mente. Según los principios del yoga, hay 16 dimensiones de la mente humana, y cada una se divide en cuatro categorías: manas, buddhi, chitta y ahankara. Buddhi significa intelecto, la parte lógica del pensamiento. El mundo moderno y el sistema educativo nos han limitado al buddhi, ignorando las otras tres dimensiones. Esta es una forma desafortunada y francamente insensata de ver las cosas, y a menudo puede acarrear problemas. Echemos un vistazo a estas cuatro dimensiones.

### Buddhi - El Intelecto

*Buddhi* es conocido como el intelecto. Para funcionar, necesita datos que generalmente aparecen en forma de recuerdos. Con suficientes datos, el intelecto puede moverse con libertad. El problema es que, incluso cuando dos personas tienen la misma cantidad de datos o recuerdos, no podrán producir las mismas ideas o impresiones, pues la gente utiliza los datos de distintas maneras dependiendo de su nivel de Buddhi. Quienes poseen un Buddhi agudo suelen tener ideas y ocurrencias de mejor calidad y en mayor cantidad.

Hoy en día, si alguien es capaz de pensar mejor que los demás, se lo suele considerar más inteligente que los demás. Por ejemplo, quien es capaz de hablar en detalle sobre algún tema suele ser considerado astuto. Esta clase de astucia suele confundirse con inteligencia, cuando solo es astucia social. Por desgracia, en la actualidad se nos suele valorar según ese estándar. Cuantas más cosas sabemos, más inteligentes somos, pero esto no es cierto. Saber muchas cosas significa que tenemos un Buddhi agudo, pero eso no nos convierte en inteligentes, porque el Buddhi está siempre determinado por la cantidad y la *calidad* de los datos. No puede moverse con libertad y está limitado por los datos. Tampoco puede mostrar nada que no esté patente en los datos. Más allá de ellos, todo es inaccesible para Buddhi.

## Manas – Un Enorme Almacén de Memoria

Después del Buddhi, la siguiente dimensión es manas. Manas es un concepto de múltiples capas que va más allá del cerebro, porque cada célula de nuestro cuerpo posee una memoria propia de millones de años. Estas células son capaces de recordar lo que nuestros antepasados solían hacer; son recuerdos evolutivos. Este concepto se conoce como manomaya kosha en terminología Manas. Cada célula de nuestro cuerpo posee alguna forma de memoria e inteligencia. El intelecto, en cambio, solo está presente en el cerebro.

La inteligencia y la memoria están presentes en todas las células del cuerpo, pero no podemos verlas, pues no estamos entrenados para ello.

La mente y la psique tienen muchas formas y aspectos, pero es imposible definirlos en nuestro idioma, ya que no contamos con palabras suficientes para describirlos. Una palabra que a menudo se relaciona con esos conceptos es el término genérico "mente". Un concepto erróneo en occidente es que la inteligencia solo puede proceder del cerebro. El cerebro humano posee intelecto, pero no tiene inteligencia. Y como no estamos entrenados para usar nuestra inteligencia, tendemos a usar el intelecto siempre que podemos. Esto produce mucho estrés innecesario, ya que solo estamos usando una de las dieciséis dimensiones de nuestra mente.

Algunas personas utilizan las otras dimensiones de la mente de forma marginal y a menudo inconsciente, pero los efectos no son visibles porque nos falta entrenamiento. La gente solo está entrenada para usar su Buddhi en el mundo contemporáneo y por eso suelen ser percibidos como socialmente inteligentes, pero les cuesta muchísimo ocuparse de su vida, porque su Buddhi no puede ayudarles a ello. Estas personas tienen dificultades para sentarse con total paz y serenidad, ya que raramente se sienten en paz consigo mismas. Nunca podremos alcanzar una gran inteligencia sin aprender a calmarnos. Debemos aprender a canalizar la mente, el cuerpo, las emociones y las energías.

La falta de inteligencia puede obstruir el progreso y llevar a una gran cantidad de problemas. Otro factor peligroso es el exceso de intelecto combinado con poca inteligencia. Recuerde: si se queda solo en este mundo, su intelecto no le ayudará en absoluto. Por sí mismo, el intelecto no tiene utilidad ni consecuencias.

### Ahankara - El Sentido de la Identidad

La mente tiene múltiples dimensiones, y Ahankara o Ahamkara está relacionada con la tercera dimensión. Suele traducirse erróneamente y confundirse con el ego, aunque el Ahankara está mucho más desarrollado que el mismo. El Ahankara proporciona el sentido de la identidad. El intelecto es un esclavo de nuestra identidad y solo funciona dentro del contexto del ahankara. Por eso es necesario ver mucho más allá de nuestro intelecto.

Es difícil sobrevivir en sociedad sin identidad. Está la identidad racial, la comunal, la nacional, etcétera. Y si bien son importantes, las identidades plantean problemas en el momento en que no podemos ver más allá de ellas, cosa que hacemos cuando solo usamos nuestro intelecto. Como hemos dicho antes, el intelecto es un esclavo del ahankara. No puede trascender, dado que esa es su naturaleza.

## Chitta - La Inteligencia Cósmica

Esta es la cuarta categoría o dimensión de la mente. Esta dimensión no posee memoria y está compuesta puramente de inteligencia. Está ahí, sin más; por eso se la conoce a menudo como una inteligencia cósmica. En este mundo, todo ocurre debido a Chitta. No funciona con recuerdos; simplemente funciona. Chitta forma un enlace entre nosotros y la energía creativa o la creación que reside en nuestro interior, permitiéndonos conectar con nuestra conciencia.

Chitta siempre está despierta, incluso cuando la persona duerme. Si Chitta se durmiera o no lograra permanecer despierta, la persona moriría de inmediato. Chitta provoca dos cosas: nos mantiene vivos y permite que ocurran ciertas cosas en nuestra vida. Hace que todo siga en marcha. Estar en contacto estrecho con Chitta nos ayudará a conectar con nuestra conciencia. Una vez en contacto con Chitta, no nos será necesario soñar: todo acabará sucediendo automáticamente.

## La Divinidad Esclavizada

En cuanto el practicante alcance esta dimensión de la mente, se aupará a una posición llamada "Ishvara Pranidhana" en el yoga. En esta etapa, Dios se convierte en nuestro sirviente y trabaja para nosotros. Cuando usted aprenda cómo acceder conscientemente a su Chitta, verá que cosas maravillosas empiezan a ocurrir a su alrededor. Le proporcionará inteligencia con la que poder disfrutar de su vida al máximo.

Chitta es el punto definitivo de la mente. Le conecta con la base de la creación presente en todo ser humano y le permite conectar con su conciencia interior.

Una vez entienda cómo activar su Chitta de forma consciente, podrá convertir a lo Divino en su sirviente. Lo Divino es un servidor eficaz y trabajará para usted. De este modo, usted no tendrá que hacer nada: lo Divino lo hará todo por usted. Tan solo siéntese, espere y deje que ocurran cosas estupendas. Podrá disfrutar de la vida como nunca antes había imaginado. La gente suele creer que su vida mejorará cuando se cumplan sus sueños, pero eso es un mito. Céntrese siempre en cosas más allá de sus sueños. Piense en ellas y en lo fascinantes que pueden ser. Todos deberíamos disfrutar de nuestros placeres más allá de los sueños. Si aquello en lo que creemos no tiene posibilidad de materializarse, nos volvemos estáticos. Por eso no deberíamos perder tiempo soñando: en vez de eso, siga *interpretando* su karma.

Chitta Shakti le permite entrar en contacto con el lado de su mente que contiene inteligencia pura e inmaculada, nunca antes tocada por la identificación ni los recuerdos. Está más allá de buddhi, ahankara, divisiones y juicios. Cuando aprenda cómo acceder a esto, nunca tendrá que preocuparse por lo que pueda ocurrir o no. Las cosas continuarán ocurriendo sin que usted se preocupe por ellas.

Chitta es como un telescopio avanzado con el que poder ver lo que nadie más puede ver. Se asemeja a una lupa que nos permite observar el núcleo de la vida, o a una bola mágica con la que podemos ver lo que en ninguna otra circunstancia podríamos. Sin activar el Chitta, no es posible observar nada de esto.

La gente cree que lo Divino está lejos de ellos y que no puede experimentarse ni verse, pero Chitta nos permite hacerlo. Cuando observamos nuestra vida desde la perspectiva de Chitta, experimentamos los Divino, ya que Chitta no tiene divisiones ni sustancias kármicas asociadas a ella.

El precepto básico de Chitta Shakti es dejar de pedir cosas. Los logros físicos y los arreglos se pueden conseguir en cualquier momento, pero el bienestar y los logros espirituales son más difíciles de obtener. Su vida física es mucho más fácil que la espiritual. Utilice su tiempo libre para concentrarse en su vida espiritual, ya que le ayudará tremendamente a corto y largo plazo.

### Maya y Shakti

Hay muchos mitos asociados a Shakti y Maya, lo que ha hecho que la hermenéutica relacionada con ambas sea bastante confusa. Maya y Shakti representan una dualidad que constituye uno de los pilares de las religiones y filosofías hindúes. Las dos son, en cierto sentido, ideas opuestas, pero igualmente relacionadas entre sí.

### Shakti

Shakti es la Suprema Diosa Madre Parashakti, a menudo manifestada como la Diosa Parvati. Es la consorte de Lord Shiva y la Energía del Universo. Dado que es la Energía, Shakti tiene múltiples nacimientos y "avatares" como Parvati, Sati, Mhalsa, Meenakshi, Kanyakumari, etc. En cada avatar, la Diosa se casa con Shiva y después regresa al monte Kailasha, la morada del señor Shiva.

### Maya

Maya tiene múltiples interpretaciones, pero una de las más habituales sostiene que es la Suprema Diosa Madre Lakshmi, la esposa de Vishnu. Maya es la voluntad del universo y representa la forma en que la naturaleza y el universo se expanden continuamente. Sin Maya, todo se detendría de golpe. Maya genera voluntad y proporciona a todo el mundo una razón para hacer algo.

Al igual que Shakti, Maya también tiene muchos avatares, y en cada uno de ellos está casada con Vishnu hasta que regresa a Vaikuntha, su morada celestial.

## Relación entre Maya y Shakti

Las diosas Parvati y Lakshmi están muy relacionadas entre sí, del mismo modo en que Shakti y Maya no pueden existir una sin la otra. De hecho, son dos caras de una misma moneda. Shakti no puede unirse con Shiva si Maya no está. Y si la unión no se produce, la Creación tampoco se podrá producir, con lo que nada existirá y Maya tampoco. Puede que usted sienta un fuerte deseo de hacer algo, pero no es posible hacer nada si Maya está ausente. Shakti debe encarnarse varias veces para ayudar a los mortales, y Maya la obliga a hacerlo. Maya también se encarna en múltiples ocasiones para propagar la ley y el orden, el dharma en la tierra, y es Shakti quien le otorga el poder para hacerlo.

Por eso Shakti y Maya van de la mano. No pueden existir la una sin la otra.

Existen muchas ideas erróneas sobre Maya. Mucha gente aconseja dejar a Maya atrás, ya que la consideran una ilusión que obstaculiza el progreso hacia la verdad definitiva. Esto es bastante irrespetuoso para la divinidad. Maya y Shakti son partes integrales de la misma moneda.

Maya no es maligna, y dejarla atrás no funcionará, pues nada puede existir sin ella y el universo dejaría de expandirse. Plantas, animales y humanos dejarían de reproducirse. Todo se detendría, y cuando no quedase nada, solo Shakti existiría, lo que destruiría el mundo entero. Si Maya desaparece, nadie hará nada y ninguna acción será posible en el mundo. Es esencial que el conocimiento fluya, puesto que así es como el mundo sobrevive. Sin Maya, el conocimiento, al igual que los ríos, dejaría de fluir. Las plantas no crecerían y el universo no se expandiría, con lo que empezaría la destrucción. Por eso tanto Shakti como Maya son importantes.

## Descubrimiento Personal

El Yoga es un viaje hacia uno mismo a través de uno mismo.

### El Bhagavad Gita

Hay muchas razones por las cuales la gente empieza a practicar yoga. Algunos lo hacen porque quieren recuperarse de alguna enfermedad o trastorno. Otros buscan incrementar la capacidad física o reducir el estrés. También están los que buscan relajarse, inspirarse o perder peso. Muy pocos conocen el verdadero beneficio del yoga en nuestra percepción, pero es uno de los efectos más importantes y habituales de la práctica.

Cuando practicamos yoga, incluyendo pranayama y asanas, se agitan varios mecanismos y caminos presentes en nuestro cuerpo. Se forman nuevas sendas y hábitos. El yoga no funciona sin técnicas de respiración adecuadas. Estas nos ayudarán a permanecer centrados y atentos durante un largo espacio de tiempo. Al final de cada sesión se realiza el Savasana, o la posición del Muerto, que nos permite relajarnos, calmar la tensión y destensar los músculos y la mente.

El yoga es una práctica única que incluye los estiramientos, el equilibrio corporal, la sanación de la respiración, la adopción de posturas y el goce de calma y relajación. La práctica abre varios canales del interior de nuestro cuerpo que nos proveen con paciencia, serenidad y tranquilidad. Puede ayudarnos a permanecer centrados y equilibrados en situaciones difíciles, además de aportar paciencia, armonía y calma a nuestra vida. Las sensaciones y cambios que sentimos en el cuerpo al practicar yoga seguirán notándose a lo largo del día. Con el yoga podemos volvernos flexibles, no solo física, sino también mentalmente. Cuando estiramos el cuerpo, vemos el mundo desde una perspectiva diferente, más precisa. Desarrollamos una actitud más positiva y activa hacia el mundo.

Practicar el pranayama y los asanas con regularidad puede ayudarnos a expandir la mente y el cuerpo, lo que también expandirá nuestra conciencia propia. Los practicantes aprenden a mirar sus propias vidas con una luz distinta y una perspectiva renovada, llena de apreciación y amor. Esa perspectiva nos permitirá encontrar nuevas direcciones y experiencias. Nos sentiremos más enérgicos y mostraremos más gratitud hacia la gente, las experiencias y nuestro propio cuerpo. En el viaje del yoga, podemos descubrir la verdad de nuestra vida y disfrutarla con plenitud.

Usted se sentirá iluminado y feliz cuando practique los asanas. Viva ese sentimiento al máximo y profundice su práctica con el tiempo. Esto le ayudará a aprender más sobre usted mismo y el loto de su mente florecerá por completo.

Reduzca gradualmente el ritmo de su respiración mientras presta atención al mismo. Cuando ralentizamos la respiración, nuestro sistema nervioso se tranquiliza. Nuestra mente se acomoda y todos los problemas presentes en ella desaparecen. Pronto podremos tomar mejores decisiones, dado que la mente estará libre de prejuicios y problemas.

Se recomienda dejar que pase cierto tiempo entre una y otra práctica, dependiendo de cómo se encuentre su cuerpo. Si no desea esperar, lo aconsejable sería bajar el ritmo por un tiempo para centrarse en los matices y sutilezas de los asanas y la respiración. Permita que su cuerpo obtenga todo lo que quiera y necesite durante la práctica. Esto se reflejará de forma positiva en su día a día.

Hay numerosas prácticas con las que descubrir de qué estamos hechos y cómo podemos mejorar nuestra esencia. Es necesario practicar, pues así adquiriremos más experiencia y comodidad.

## Ashtanga Yoga

Este sistema de yoga fue popularizado por Rishi Vamana en un antiguo manuscrito llamado Yoga Korunta. Contiene varios grupos de asanas, además de muchas enseñanzas originales sobre Drishti, bandhas, vinyasa, filosofía y mudras. El texto y su conocimiento han sido transmitidos por diversos gurús y maestros a lo largo de los años. El Ashtanga Yoga está muy relacionado con Shakti y el Kundalini. Esta sección le ayudará a aprender más sobre esta práctica, crucial para la ciencia del yoga.

Ashtanga está compuesto de dos palabras en sánscrito. "Ashta" significa ocho, y "anga" significa parte o extremidad. Así pues, el término significa literalmente "yoga de ocho extremidades/partes". Fue descrito por primera vez por el gran sabio Patanjali en un texto sobre yoga conocido como el "Yoga Sutras", donde se establece que hay ocho prácticas espirituales con las que acceder a la depuración interior y obtener una visión más diáfana de todo nuestro ser.

Estas son las ocho partes del Ashtanga Yoga:

- Yama, los Códigos Morales
- Niyama, el estudio y la purificación personal
- Pranayama, el control de la respiración
- Pratyahara, el control de los sentidos
- Dharana, la concentración
- Dhyana, la meditación
- Samadhi, la absorción o asimilación del Universo

Las cuatro primeras partes de esta práctica se utilizan para purgar el cuerpo externo. Todos los defectos en las prácticas externas se pueden despejar o resolver, mientras que los problemas internos no pueden corregirse a no ser que se practiquen cuidadosamente las cuatro extremidades restantes del ashtanga yoga. Por eso, muchos yogis en todo el mundo se centran ahora en el Ashtanga o el Patanjali yoga.

El yoga se define como "citta vrtti nirodhah", es decir, el control de la mente. Los dos primeros pasos de este proceso son esenciales y se llaman "yama" y "niyama". Es imposible practicarlos si nuestros órganos sensoriales están débiles. Para practicar eficazmente estas extremidades, primero deberemos fortalecer nuestro cuerpo físico, lo que puede conseguirse mediante asanas. La práctica diaria de asanas nos ayudará a estar en mejor forma, mejorar nuestra salud y fortalecernos para los angas del Ashtanga. Una vez el cuerpo y los órganos sensoriales estén lo bastante equilibrados, podremos controlarlos con cuidado. Y cuando tengamos el control de nuestra mente, será fácil seguir las dos primeras extremidades.

En el Ashtanga Yoga, para ejecutar adecuadamente un asana, necesitaremos utilizar el trishtana y el vinyasa. El Vinyasa representa el movimiento de todo nuestro cuerpo y la respiración.

El Vinyasa es una práctica útil y saludable con la que limpiar nuestro cuerpo y nuestra mente. Es una de las partes integrales del ashtanga yoga e incluye movimientos y respiración sincronizada. Estos dos factores calientan la sangre, la diluyen y limpian para que circule con libertad. Una mejor circulación de la sangre evitará numerosas enfermedades y trastornos, además de reducir el dolor articulatorio y limpiar nuestro cuerpo de toxinas. Se suda mucho al practicar el vinyasa, dado que calienta nuestro cuerpo y elimina nuestras impurezas. El vinyasa puede ayudar a nuestro cuerpo a volverse ligero, saludable y fuerte.

El Segundo concepto es el trishtana, donde se forma la unión de tres acciones o lugares de atención. Estas tres acciones son el lugar de observación, la postura y el sistema de respiración, y las tres son cruciales en el yoga por estar estrechamente vinculadas a los tres niveles de purificación: el sistema nervioso, la mente y el cuerpo. Las tres acciones deben ejecutarse a la vez.

Examinemos en detalle estas tres acciones:

## Postura

El asana se utiliza para reforzar y purificar el cuerpo. En la sección del Ashtanga yoga, el asana se divide en seis series. La primera serie es el Yoga Chikitsa, conocido por ser la serie principal del yoga para alinear y limpiar le cuerpo. La siguiente serie es el Nadi Shodhana, que purifica el sistema nervioso. Esto puede hacerse abriendo y despejando los canales de energía presentes en nuestro cuerpo. La siguiente serie es el Sthira Bhaga o el ABDC, que se utiliza para incorporar la fuerza y gracia de la práctica, para lo que se requieren altos niveles de flexibilidad y humildad. Es imposible avanzar al siguiente nivel hasta que no nos hayamos acostumbrado al anterior. Es una secuencia estricta, así que tendremos que seguir meticulosamente las órdenes de los asanas. Cada postura es, en cierto modo, la preparación y práctica de la siguiente. Y esta práctica es crucial, ya que nos permitirá desarrollar la fuerza y el equilibrio necesarios para el siguiente asana. Sin debido respeto hacia el Yama y el Niyama, no conseguiremos ningún beneficio de la práctica del yoga.

## Respiración

La técnica de respiración combinada con vinyasa se denomina ujjayi, que significa "respiración victoriosa". Incluye el Puraka (inhalación) y el Rechaka (exhalación). Inhalación y exhalación deberían durar lo mismo y ambas deberían ser firmes y equilibradas. Es necesario incrementar la duración e intensidad de las dos con el tiempo y la práctica. Estirar la respiración es similar a estirar el cuerpo. Las respiraciones largas e intensas encienden nuestro fuego interior, además de reforzar y purificar el sistema nervioso.

Los bandhas o componentes musculares son una parte importante de la técnica de respiración ujjayi. Bandha significa literalmente "sello" o "cerrojo", y es una práctica esencial para desbloquear la energía "pránica", que a su vez puede desviarse a los

72.000 canales de energía o nadis sukshma jiva, el cuerpo sutil. Mula bandha representa el cerrojo del ano, mientras que el Uddiyana bandha es el cerrojo del abdomen inferior. Ambos bandhas proporcionan fuerza, ligereza y salud para el cuerpo, además de sellar la energía del cuerpo y encender nuestro fuego interior. El Mula bandha está presente en la raíz del cuerpo para sellar el prana. Así, el uddiyana bandha puede elevar al prana con la ayuda de los nadis. El tercer bandha es el Jalandhara bandha, es decir, el cerrojo de la garganta. Este es un bandha espontáneo que generalmente ocurre al practicar los asanas debido al Drishti. Este bandha es crucial, ya que contiene la energía pránica y evita que se acumule demasiada presión. Sin el bandha no podemos respirar correctamente y los asanas no servirán de nada.

### Lugar de Observación

El Drishti o lugar de observación es un punto en el que el practicante se concentra mientras realiza un asana. Hay nueve drishtis en el Ashtanga Yoga: el pulgar, la nariz, el punto entre las cejas, los pies, el lado derecho, el izquierdo, la parte superior, el ombligo y las manos.

El Dristhi ayuda al practicante a purificar y estabilizar la función mental. Cuando el devoto se centra en el Drishti mientras está en el asana, es capaz de entrar en un estado profundo de concentración. A partir de ahí, podrá entrar en las siguientes fases del Ashtanga yoga, es decir, Dharana y Dhyana.

Cuando el practicante haya aprendido las nociones básicas del asana, podrá pasar al pranayama. Es necesario empezar de forma lenta y gradual para después incrementar la intensidad y la duración con el tiempo. En este paso, debemos asimilar y absorber el poder del viento mediante la respiración, lo que incluye estos tres pasos: puraka (inhalación), kumbhaka (retención) y rechaka (exhalación). Cuando el practicante domina estos tres kriyas, en conjunción con las tres contracciones musculares de bandhas, podrá realizar satisfactoriamente el pranayama. Hay tres bandhas: el mulabandha, el uddiyana banda y el jalandhara bandha. Estos bandhas se practican en combinación con la práctica de asanas y pranayama.

Un estudiante que practique asanas durante muchos años, en combinación con vinyasa y trishthana, alcanzará la claridad mental, así como la estabilidad y la purificación del cuerpo. Es esencial conseguir estas tres cosas, pues sin ellas no será posible practicar el pranayama. El pranayama nos permite centrarnos en un único aspecto, como los movimientos de la respiración.

Debe usted realizar cuatro prácticas para conseguir una limpieza interna en condiciones: Pratyahara, Dharana, Dhyana y Samadhi. Todas estas prácticas se basan en el Pranayama. Así pues, si no practica el pranayama adecuadamente, esas cuatro prácticas serán inútiles.

Es necesario llevar a cabo estas prácticas, ya que nos ayudarán a controlar la mente. Una vez hayamos purificado mente y cuerpo, el siguiente paso ideal debería ser adquirir un completo control mental.

El corazón espiritual está cubierto por "Shad Ripu" o "Shad Doshas", seis venenos que perjudican nuestra salud física, mental y espiritual. Estos seis venenos son Kama (deseo), Krodha (ira), Moha (engaño), Mada (pereza), Matsarya (envidia) y Lobha (avaricia). Una vez haya limpiado a conciencia su mente, usted observará que estos seis venenos desaparecen gradualmente. Y cuando lo hayan hecho, su Yo Universal se hará visible. Por eso es necesario practicar el Ashtanga Yoga con corrección y disciplina. Si es posible, se recomienda realizar esta práctica con la guía de un maestro o gurú. Puede ayudarnos a liberar nuestro cuerpo y mente de dolores terrenales y alcanzar la claridad.

# Capítulo Diez: Kundalini Yoga: Despertando la Shakti Interior

A medida que el mundo avanza más y más deprisa en cuanto a tecnología, competición, consumismo y austeridad, el Kundalini yoga se vuelve cada vez más popular. El Kundalini es una espiritual energía. Todos lo tenemos en la base de la columna vertebral, enrollado y listo para ser liberado o despertado. Mediante la práctica del Kundalini yoga, podemos aumentar nuestros niveles espirituales a partir de la columna, pasando por el canal central y alcanzando la cima de nuestra cabeza a un nivel de más o menos el 60 por ciento para una persona normal. Despertando los siete puntos chakra de nuestro cuerpo, alcanzaremos el despertar espiritual que nos permitirá llamar al Shakti.

Hay seis fases asociadas a la práctica espiritual que pueden despertar nuestro Kundalini de forma natural.

1) Prana (la respiración fluye en dos zonas del cerebro, Ida y Pingala).

2) Cuando el Prana (respiración) fluye hacia Ida o Pingala.

3) El Prana fluye entonces al Sushumna (que recorre la columna vertebral y, cuando el yoga desbloquea los siete canales presentes en ella, el Kundalini se desenrolla).

4) La energía Kundalini despierta.

5) El Kundalini asciende a través de la columna.

6) El Kundalini asciende al Sahasrara (la cima de la cabeza).

Hay una diferencia entre el despertar espiritual y el Kundalini. Alcanzamos el despertar cuando la conciencia amanece y descubre su verdadera identidad. El Kundalini es el fenómeno que se produce en el interior de la conciencia. Se trata de una diferencia sutil que es necesario entender para obtener los mejores resultados del Kundalini Shakti. El símbolo del Kundalini es el Caduceo, adoptado del antiguo símbolo griego y egipcio. Así pues, cuando el Kundalini se conecta al despertar espiritual, no necesitará ascender para conseguir el despertar espiritual.

## La Mente

Algunos han observado que la conciencia despierta y se identifica con el yo. El despertar de la conciencia permite que llegue la paz, obtener un estado de relajación y felicidad. Al cultivar este estado, los sentimientos negativos tendrán dificultades para asentarse y la mente los verá simplemente pasar. Con la práctica del Kundalini, la mente abandona su egocentrismo y todo lo que alimenta el ego desaparece. Buscar la felicidad ya no será un problema, ya que la mente habrá despertado ante el espíritu de Shakti.

## El Corazón

El despertar espiritual alegra al corazón. Lo llena de un amor y una alegría que pueden durar desde un instante a varios meses. Sin embargo, la práctica del Kundalini yoga sigue llenando el corazón para que la alegría se vuelva permanente.

## Kundalini Shakti

La energía vital que yace dormida y enrollada en la columna vertebral y que está presente en todos. Si bien puede activarse por muchas razones, activarlo no significa haber adquirido conciencia espiritual. También es sabido que, si el Kundalini se activa en alguien que no esté preparado o no haya practicado, puede ocasionar problemas graves en el cuerpo y la mente. Así pues, debería quedar claro que despertar al Kundalini no basta para la iluminación espiritual. Es necesario, por tanto, buscar la paz interior a través de la meditación y los pranas para que el Kundalini funcione y despierte a Shakti. Cuando el Kundalini se perfecciona, procede a desenrollarse y ascender hasta la cabeza, donde crea un estado permanente de conciencia. Despertar al Kundalini requiere paciencia y práctica, y se convierte en una herramienta formidable para despertar a la Diosa. Al meditar, es esencial trabajar la respiración (prana), pues esto abrirá las puertas del viaje hacia el despertar y la iluminación espiritual.

## Prana

En la práctica hindú, se cree que el prana (aliento) nos protege y otorga sabiduría. Una historia cuenta que las deidades discutieron sobre cuál era la facultad más importante para el cuerpo humano. Para resolver la disputa, decidieron que cada una de las cinco facultades debería abandonar el cuerpo separadamente y por turnos, para así descubrir qué facultad se echaba más de menos. El habla fue la primera en recibir la orden de abandonar el cuerpo, y el cuerpo siguió funcionando. Después, se marcharon los ojos, y el cuerpo siguió operando pese a estar ciego. A continuación, vinieron las orejas, y aun sordo, el cuerpo siguió prosperando. Acto seguido llegó el turno de la mente, pero el cuerpo no murió pese a estar inconsciente. Quedaba una última facultad: el aliento (prana). En cuanto el cuerpo se quedó sin aliento, empezó a morir. Sin él, el resto de las facultades empezaron a debilitarse, así que admitieron que el prana era la fuerza principal y le pidieron que regresara al cuerpo.

Esta es una antigua historia que se ha contado una y otra vez al paso de los siglos. Se ha modificado y escrito en versiones distintas (Upanishads). La idea de la historia es que, sin el prana, el resto de las facultades no pueden sobrevivir. Hay, por supuesto, una idea moral presente en esta historia, y es que debemos controlar nuestro prana para dominar nuestras facultades. La fuerza de la energía es el prana; sin controlarlo, no es posible conseguir una transformación positiva. El Prana es la vida-vida; el aliento que creó el universo. Cuando vemos el prana a nivel cósmico, encontramos dos aspectos: la conciencia pura (no manifestada) y el prana manifestado. Por una parte, el prana es esencial para nuestra supervivencia y procede del aire que respiramos. A un nivel más sutil, el aire está relacionado con nuestro sentido del tacto, a través del cual sabemos que estamos vivos, que existimos. Es a través del tacto que nuestras facultades pueden transmitir energía a las demás.

# Conclusión

Debido a la complejidad creciente de la vida moderna, mucha gente mira hacia oriente para buscar soluciones a sus problemas. Por eso se ha producido un rápido auge de la filosofía y la religión oriental en occidente. La popularidad del yoga es resultado de dicho auge, y también hay mucha gente que ahora muestra interés por el culto Shakta, ya que creen que la Energía Divina Femenina solucionará todos sus problemas.

Shakti y el culto Shakta son antiguas nociones hindúes según las cuales la Creación y el Universo son femeninos. Shakti lo controla todo y se manifiesta en formas distintas.

Shakti es un concepto difícil de entender, sobre todo para quienes no se hayan iniciado en el mundo de la filosofía y la religión hindú. La noción de Shakti se encuentra en múltiples países como la India, Nepal o el Tíbet, y en religiones como el hinduismo, el budismo y el taoísmo. Llegar a comprender incluso los principios básicos de Shakti puede ser bastante difícil, pero este libro le ayudará a entenderlos debido a su lenguaje lúcido, sencillo y claro. Le proporcionará las ideas principales del Shakti y los métodos con que podemos recabar la Energía Divina.

El libro también dedica muchos capítulos al Kundalini y el yoga. Le ayudará a conseguir la mejor versión de usted mismo y formar una conexión con su conciencia y el universo.

# Vea más libros escritos por Mari Silva

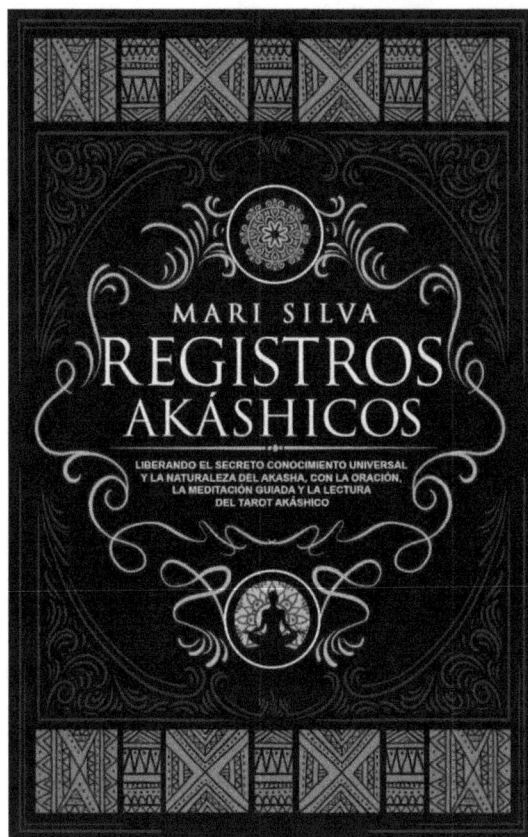

# Referencias

A. Sathya Narayanan. 2018. The Times of India.
https://timesofindia.indiatimes.com/religion/mantras-chants/beej-mantra-mantra-meaning-and-benefits/articleshow/68205252.cms

Adi Parashakti. 2020. https://en.wikipedia.org/wiki/Adi_Parashakti

Andrew Gough, 20.16. "Bhramari: The Hindi Bee Goddess"
https://www.hinduhumanrights.info/bhramari-devi-the-hindu-bee-goddess/

"Annapurna" 2020.https://en.wikipedia.org/wiki/Annapurna_(goddess)

Bhuvaneshvari "The Creator of the World" 2020.

https://www.exoticindiaart.com/product/paintings/bhuvaneshvari-creator-of-world-ten-mahavidya-series-PL63/

Chanda, U. (n.d.). Shakti Rupa: A Comparative Study of Female Deities in Hinduism, Buddhism, and Bon Tantra. Www.Academia.Edu.

https://www.academia.edu/8147283/Shakti_Rupa_A_Comparative_Study_of_Female_Deities_in_Hinduism_Buddhism_and_Bon_Tantra

Charles Ellik, E. (2016, July). Manifesting Shakti: Five Elements Yantra Guide. http://www.sutrajournal.com/ website: http://www.sutrajournal.com/manifesting-shakti-five-elements-yantra-guide-ekabhumi-charles-ellik

Chirashree. (n.d.). The journey of Self-discovery. Mystic Yoga

Dakini and Yogini: A Comparison. (n.d.). yoniversum.nl website: http://yoniversum.nl/dakini/dakyog.html

DEVI MAHATMYA eng. (n.d.). http://www.aghori.it/ website: http://www.aghori.it/devi_mahatmya_eng.htm

Ekabhumi Charles Ellik. 2016. "Manifesting Shakti. Five elements Yantra Guide" http://www.sutrajournal.com/manifesting-shakti-five-elements-yantra-guide-ekabhumi-charles-ellik

Gagan, S. (n.d.). Benefits of Das Mahavidya Puja, Book Dus Mahavidya Puja Online. shivology.com website: https://shivology.com/puja/vedic-puja-rituals/goddess-das-mahavidhya-puja/470

God in Ten Parts – SivaSakti. (n.d.). https://www.sivasakti.com/tantra/dasa-maha-vidya/god-in-ten-parts/

History of Shaktism. 2020. https://en.wikipedia.org/wiki/History_of_Shaktism

Kundalini and Chakras. (n.d.). SSRF English website:

https://www.spiritualresearchfoundation.org/spiritual-research/kundalini-and-chakras/?gclid=EAIaIQobChMImmNm8TR6gIVGnZgCh15xw40EAMYAiAAEgLf-fD_BwE

Markandeya Purana [YouTube Video]. (2016). https://www.youtube.com/watch?v=4Kq-fGZ1goQ

Markandeya. 2020. https://en.wikipedia.org/wiki/Markandeya_Purana

Mukherjee, U. (2019, October 26). Dakini and Yogini: The fierce companions of goddess Kali. www.telegraphindia.com website: https://www.telegraphindia.com/culture/dakini-and-yogini-the-fierce-companions-of-goddess-kali/cid/1714468

Müller, A. (2020, June 3). Kundalini Energy: What It Is and How to Awaken It Within You. website: https://medium.com/mindfully-speaking/kundalini-energy-what-it-is-and-how-to-awaken-it-within-you-a542f8aa39ed

Nandakumar, Mali. 2018. "Female Deities in Vajrayana Buddhism" https://www.indictoday.com/long-reads/female-deities-vajrayana-buddhism/

Om Swami. (2020). The Glory of Sri Yantra Shiva and Shakti - [Hindi with English CC] [YouTube Video]. https://www.youtube.com/watch?v=eRJ1oF612oA

Origins and Development of Shakti (2009). https://shodhganga.inflibnet.ac.in/bitstream/10603/69520/9/09_chapter%202.pdf

Parayoga. 2020. "Tantra Shakti: The Power and the Radiant Soul of Yoga" https://www.parayoga.com/experience/master-trainings/tantra-shakti-the-power-and-radiant-soul-of-yoga/

Pushkar, Mahatta. 2017. "What is Shakti?" https://www.youtube.com/watch?v=FiMa6nfN7XM,https://en.wikipedia.org/wiki/Shaktism

Ramanathan, R. (2019, October 22). Shakti & Shiva: Vigyana Bhairava Tantra. Coacharya website:

https://coacharya.com/blog/shakti-shiva/

Reena Puri, 2018. Shakti: Tales of the Mother Goddess. Mumbai, Amar Chitra Katha Pvt. Ltd.

Ritu Shukia. 2020. "The Significance of Dus Mahavidya"

https://timesofindia.indiatimes.com/astrology/rituals-puja/the-significance-of-dus-mahavidya/articleshow/68206997.cms

Sathya Narayanan, D. A. (2018, January 16). Beej Mantra Meaning And Benefits | - Times of India. The Times of India website: https://timesofindia.indiatimes.com/religion/mantras-chants/beej-mantra-mantra-meaning-and-benefits/articleshow/68205252.cms

Shakti – A Fundamental Tantric Concept – SivaSakti. (n.d.). https://www.sivasakti.com/shakti-a-fundamental-tantric-concept-part1

Shakti-Tantra - Aim-Yoga-Tantra-Meditation. (n.d.). website: https://sites.google.com/site/aimyogatantrameditation/tantra-meditation-healing/types-of-tantra/shakti-tantra

Shukla, R. (2019, April 4). Dus 10 Mahavidya - The significance of 10 Mahavidya | - Times of India. The Times of India website: https://timesofindia.indiatimes.com/religion/rituals-puja/the-significance-of-dus-mahavidya/articleshow/68206997.cms

Shakti Tantra. 2020. https://sites.google.com/site/aimyogatantrameditation/tantra-meditation-healing/types-of-tantra/shakti-tantra

Shivology. 2020. "Significance of Das Mahavidya Puja" https://shivology.com/puja/vedic-puja-rituals/goddess-das-mahavidhya-puja/470

Spiritual Research. 2020. "Kundalini & Chakras. https://www.spiritualresearchfoundation.org/spiritual-research/kundalini-and-chakras/?gclid=EAIaIQobChMImmNm8TR6gIVGnZgCh15xw40EAMYAiAAEgLf-fDBwE

Swati. 2020. "Adi Shakti – The Energy of the Cosmos" https://adi-shakti-the-energy-of-the-cosmos/

The Telegraph. 2019. https://www.telegraphindia.com/culture/dakini-and-yogini-the-fierce-companions-of-goddess-kali/cid/1714468 Tantric Meditations – SivaSakti. (n.d.). https://www.sivasakti.com/meditation/tantric-meditations/

The 64 Dakinis or Yoginis. (n.d.). http://www.khandro.net/ website: http://www.khandro.net/dakini_the64.htm

The Secrets of Chakras and Kundalini Shakti. (2019, January 18).
https://paramyoga.org/blog/the-secrets-of-chakras-and-kundalini-shakti/

Urmi Chandra-Vaz (2013-2014) "A Comparative Study of Female Deities in Hindu, Buddhist and Bon Tantra"https://www.academia.edu/8147283/Shakti_Rupa_A_Comparative_Study _of_Female_Deities_in_Hinduism_Buddhism_and_Bon_Tantra

Vanamali. 2008. Shakti: Realm of the Divine Mother, Vermont, Inner Traditions: ebook edition.

What is Kundalini Shakti? |. (n.d.). kundalinicare.com website: http://kundalinicare.com/what-is-kundalini-shakti/

Yantras – SivaSakti. (n.d.). https://www.sivasakti.com/tantra/introduction-to-yantra/

https://www.ramdass.org/shakti-prana/

https://www.youtube.com/watch?v=7DWkY78wp7c

https://www.ananda.org/ask/is-there-a-difference-between-kundalini-energy-and-prana

https://karaleah.com/2018/10/what-is-a-kundalini-awakening-and-have-i-had-one

https://www.chakras.info/kundalini/

https://karaleah.com/2018/10/kundalini-awakenings-symptoms-process-benefits-support-help/

https://thoughtcatalog.com/brianna-wiest/2018/08/16-signs-youre-having-whats-known-as-a-kundalini-awakening/

https://www.youtube.com/watch?v=G22hZ81Vku0

https://www.youtube.com/watch?v=mMMerxh_12U

https://www.verywellmind.com/what-is-kundalini-meditation-4688618

https://chopra.com/articles/the-root-chakra-muladhara

https://iarp.org/chakra-basics/

https://www.watkinspublishing.com/working-with-your-chakras-swami-saradananda/

https://www.thebluebudha.com.au/the-sixth-third-eye-chakra-our-sixth-sense-our-psychic-powers/

https://www.jackcanfield.com/blog/cultivating-intuition/

https://www.lifehack.org/articles/productivity/10-ways-nurture-your-creativity-and-boost-your-intuitive-awareness.html

https://www.chakras.info/opening-third-eye

https://www.kundaliniyoga.org/Asanas

https://www.3ho.org/3ho-lifestyle/women/kundalini-yoga-woman-s-set

https://www.3ho.org/kundalini-yoga/pranayam/pranayam-techniques

https://www.youtube.com/watch?v=MhPqAh69Gmw,

https://www.youtube.com/watch?v=e5tGCr22TlA

https://www.3ho.org/kundalini-yoga/mantra/kundalini-yoga-mantras

https://www.3ho.org/kundalini-yoga/mudra

https://www.youtube.com/watch?v=QaVzpbias4Y

https://www.youtube.com/watch?v=nCPj98L979w

https://www.thelawofattraction.com/awaken-kundalini/

https://www.3ho.org/3ho-lifestyle/daily-routine

https://karaleah.com/2018/10/suggestions-on-what-to-do-if-youve-had-a-kundalini-awakening/

https://www.youtube.com/watch?v=1P0k1ZC9gkc